KB220236

사탄과의 싸움

Fighting Satan

Copyright ⓒ 2015 by Joel R. Beeke

Originally published in English under the title *Fighting Satan: Knowing His Weaknesses, Strategies, and Defeat*
by Reformation Heritage Books, Grand Rapids, MI, USA.

This Korean edition is translated and used by permission of Reformation Heritage Books through rMaeng2, Seoul, Republic of Korea.

This Korean Edition ⓒ 2021 by Reformed Practice Books, Seoul, Republic of Korea.

사탄과의 싸움

지은이　조엘 R. 비키
옮긴이　조계광
펴낸이　김종진
편집　김예담
디자인　이재현
초판 발행 2021. 5. 7.
등록번호 제2018-000357호
등록된 곳 서울특별시 강남구 선릉로107길 15, 202호
발행처　개혁된실천사
전화번호 02)6052-9696
이메일　mail@dailylearning.co.kr
웹사이트 www.dailylearning.co.kr

책값은 뒤표지에 있습니다.
ISBN 979-11-89697-19-8　03230

사탄과의 싸움

FIGHTING SATAN

조엘 R. 비키 지음

조계광 옮김

개혁된실천사

나의 신실한 동료이자 영적인 친구이며

가까운 친형제와도 같은 친구인

마틴 홀트^{Martin Holdt}(1941~2011)를 기억하며

그에 대한 감사를 담아 이 책을 헌정합니다.

그는 애정 어린 남편이자 자애롭게 돌보는 아버지였고,

기도의 용사이자 영적인 설교자였으며,

그리스도와 영혼들과 건전한 책들과

개혁파 경험 신학^{Reformed experiential theology}을 사랑하는 사람이었으며,

형제들을 격려하는 격려자였으며,

경건한 확신과 신념을 가진 형제였습니다.

목차

서문

데이비드 포울리슨은 그의 저서 《*Power Encounters*》에서, 바울이 에베소서 6장 10-20절에서 말한 성경적이고 전통적인 영적 싸움을 회복함으로써 마귀를 대적하는 것이 절실히 필요하다고 옳게 주장했다. 우리는 이교적인 문화가 갈수록 기승을 부리고, 곳곳에 온갖 중독의 속박이 만연한 사회에 살고 있다. 기괴하거나 거친 행동이 흔하고, 악의 존재를 강하게 의식하는 사람들이 많다. 선교사들과 인류학자들은 정령 숭배의 문화와 빙의 현상에 대해 경각심을 일깨운다. 사탄 숭배가 서구의 국가들 안에서 성행하고 있다. 1970년대 이후로 다수의 은사주의자들, 세대주의자들, 신학자들은 인간에게 빙의한 귀신들을 쫓아내는 다양한 형태의 "구원 사역"을 가르치고, 시도해 왔다. 프랭크 페레

티의 책들은 도처에 숨어 있는 귀신들을 볼 줄 알아야 한다는 주장으로 많은 사람의 관심을 끌면서 이런 혼란을 더욱 증폭시켰다.

반면에, 현대 문명 사회가 겪는 온갖 불행의 일차적 원인이 마귀에게 있는데도 그의 존재를 믿지 않거나 일상의 언어 속에서 그를 배제하는 사람들이 너무나도 많다. 이런 경향이 심지어 교회에까지 영향을 미치고 있다. 19세기 설교자 찰스 스펄전은 이미 그 당시에 "요즈음, 사탄의 존재를 믿지 않는 신학자들이 있다. 자녀가 자기 아버지의 존재를 믿지 않는 것은 참으로 이상한 일인데 그런 일이 벌어지고 있다. 사탄에게 가장 크게 미혹된 사람들이 가장 큰 목소리로 그의 존재를 믿는 믿음을 부인하고 있다."고 말했다.[1]

오늘날, 사탄과의 영적 전쟁을 성경에 근거해 명확하게 이해하는 것이 무엇보다 필요하다. 특히 신자인 우리는 사

---

1. C. H. Spurgeon, "The Warnings and Rewards of the Word of God(sermon 2135)," in *Metropolitan Tabernacle Pulpit* (1901; repr., Pasadena, Tex.: Pilgrim Publications, 1974), 36:160 – 61.

탄과 그가 거느린 악의 세력을 상대하는 싸움이 매우 치열하고, 영적이며, 필연적인 특성을 띤다는 것을 알아야 한다. 우리는 원수인 사탄의 인격성과 역사를 알아야 하고, 그의 전략과 능력과 약점을 옳게 파악해야 한다. 우리는 그에게 대항하는 방법과 어떤 영적 무기로 그를 대적해야 할지를 알아야 한다. 우리는 삶을 통해 진리를 전파하고 영적 열매를 맺으면서, 믿음으로 그를 물리쳐야 한다.

이 책은 실천적인 관점에서 이런 문제를 다룬다. 각 장은 런던의 메트로폴리탄 태버내클 신학교에서 전한 여러 편의 강연을 확장한 내용을 담고 있다. 첫 번째 강연(1, 2장)은 사탄의 인격성과 역사를, 두 번째 강연(3, 4장)은 방어와 공격의 전술을 통해 사탄의 약점을 공략하는 방법을, 세 번째 강연(5, 6장)은 옛 고전들을 중심으로 사탄의 책략과 그것을 대처하는 방법을, 마지막 강연(7-9장)은 개인의 삶과 교회와 국가 내에서 사탄을 물리칠 수 있는 방법을 각각 논의한다.

개인과 그룹의 학습을 위한 질문들이 포함된 현재의 책은 2005년에 웨일스의 브린티리언 출판사에서 출판한

《*Striving against Satan*》을 개정한 것이다. 리포메이션 헤리티지 출판사에게 출판권을 흔쾌히 넘겨주어 새로운 개정판을 낼 기회를 제공해준 것에 대해 심심한 사의를 표한다. 이 책을 출판하는 데 도움을 준 폴 스몰리와 아넷 가이슨에게 감사한다.

환대와 우정을 베풀어 주었을 뿐 아니라 역사적인 메트로폴리탄 태버내클 신학교에 나를 거듭 초청해준 피터 마스터스 박사와 그의 아내 질 마스터스에게 감사한다. 그곳에서 나를 도와준 직원에게도 감사한다. 그곳에서 말씀을 전하고 교제를 나눈 것은 크나큰 기쁨이 아닐 수 없었다. 아내 메리와 자녀인 칼빈, 에스더, 리디아를 비롯해 퓨리턴 리폼드 신학교에도 고마움을 전하고, 일상적인 의무를 잠시 중단하고 태버내클에서 사역할 시간을 허락해준 그랜드래피즈의 헤리티지 네덜란드개혁교회에도 감사한다.

아무쪼록 하나님이 이 책을 도구로 사용해 우리가 사탄과 그의 책략을 좀 더 깊이 이해함으로써 그와의 싸움을 성공적으로 수행할 수 있도록 인도해주시기를 간절히 기도한다.

당신이 참 신자라면 당신은 사탄의 증오를 살 수밖에 없
다. 그 이유는 당신이 그리스도의 형상을 지니고 있고, "하
나님이 만드신 바 그리스도 예수 안에서 선한 일을 위해
지으심을 받은 자"일 뿐 아니라 사탄의 권세로부터 건지
심을 받은 자이기 때문이다. 우리는 사탄을 떠나 그의 영
역에서 빠져 나왔다. 우리는 은혜로 그리스도를 우리의 주
님이자 주인으로 받아들였다. 우리는 베드로와 함께 "주
는 그리스도시요 살아 계신 하나님의 아들이시니이다"(마
16:16)라고 고백한다. 사탄이 우리를 미워하는 이유는 그리
스도께서 우리 안에 계시고, 우리가 그분을 사랑하기 때문
이다.

사탄을 과대평가하거나 과소평가해서는 안 된다. 그는

하나님도 아니고, 타락한 신도 아니며, 전능하지 않다. 그는 단지 타락한 천사에 지나지 않는다. 그러나 사탄은 강력한 원수다. 존 블랜차드는 사탄에 대하여 다음과 같이 말했다. "책략이 뛰어나고, 교활하고, 지능적일 뿐 아니라 가장 나이가 많은 그리스도인보다 더 오래 살 수 있고, 가장 근면한 그리스도인보다 더 오래 일하며, 가장 강한 그리스도인보다 더 강하고, 가장 지혜로운 그리스도인보다 더 지혜로운 원수가 살아서 우리를 대적한다."[1]

참 신자라면 누구나 성경이 영적 싸움으로 일컫는 싸움에 참여한다(창 3:15; 계 12:7). 존 번연은 이를 "거룩한 전쟁"으로 일컬었다.[2] 이 영적 싸움, 곧 거룩한 전쟁은 마귀와 세상과 육신이라는 세 종류의 원수를 상대로 벌이는 끊임없는 싸움이다.

---

1. John Blanchard, *The Complete Gathered Gold* (Darlington, Eng.: Evangelical Press, 2006), 555.

2. John Bunyan, *The Holy War Made by Shaddai upon Diabolus, For the Regaining of the Metropolis of the World: Or, the Losing and Taking Again of the Town of Mansoul,* in *The Works of John Bunyan,* ed. George Offor (1854; repr., Edinburgh: Banner of Truth, 1991), 3:245–373.

치열한 싸움

사탄과 귀신들을 상대하는 싸움은 빛과 어둠의 세력이 충돌하는 치열한 싸움이다. 어두운 정사와 권세들이 사탄의 지배를 받으며 그의 명령에 복종한다. 사탄의 수하인 귀신들은 그의 명령을 즐거이 수행한다. 사탄의 군대는 공격적이고, 악의적이며, 잔인하다. 그들의 힘은 우리보다 월등히 크며, 항상 우리를 에워싸고 있다. 그 힘은 너무나 강력하기 때문에 우리 자신의 힘으로는 맞설 수 없다. 그러나 그렇다고 해서 사탄과 타협하거나 그에게 항복할 수는 없다. 우리는 그를 물리칠 방법을 알려주는 성경의 가르침을 신중하게 따르면서 그를 대적해야 한다(약 4:7). 이것은 생사가 걸린 싸움이다.

영적 싸움

사탄과 귀신들을 상대하는 싸움은 영적 싸움이다. 우리는 총이나 대포나 핵무기로 이 원수들과 싸우지 않는다. 우리의 싸움 상대는 혈과 육이 아니다. 바울은 에베소 신자들에게 "우리의 싸움은 혈과 육을 상대하는 것이 아니요 통치자들과 권세들과 이 어둠의 세상 주관자들과 하늘에 있는 악의 영들을 상대함이라"(엡 6:12)라고 말했다. 이 싸움은 세속적인 권력이나 재물이나 명예를 얻기 위한 싸움이 아니다. 이 싸움은 그보다 훨씬 고귀한 목적, 곧 살아 계신 하나님과 그분의 아들이신 그리스도의 영광과 의와 진리라는 영적 실재를 추구한다. 혈과 육으로 된 보이는 원수들의 배후에는 보이지 않는 영적 원수들로 구성된 군대가 존재한다. 영적 전쟁은 예수 그리스도의 나라와 대의를 해치려고 날뛰는, 보이지 않는 원수들을 보이지 않는 무기로 대적하는 싸움이다.

우리는 눈에 보이지 않는 수많은 사탄의 강력한 군대와 한데 뒤엉켜 육박전을 벌인다. 이 싸움은 영적 근접전이며, 매우 격렬하고 고된 싸움이다. 육박전을 치르는 이편과 저편의 군대는 거리를 두지 않고 서로를 움켜잡고 싸운다. 사탄은 때로는 어둠의 제왕으로, 때로는 빛의 천사로 모습을 드러낸 채 생사가 걸린 영적 싸움에서 우리와 치열한 육박전을 펼친다.

필연적인 싸움

사탄과 귀신들을 상대하는 싸움은 필연적인 싸움이다. 오늘날의 세상이 테러와의 전쟁을 피할 수 없는 것처럼 우리도 사탄과의 전쟁을 피할 수 없다. 좋든 싫든, 우리는 전쟁 중이다. 치열한 전쟁터에 있는데도 그 사실을 깨닫지 못하는 것은 가장 위험한 일이 아닐 수 없다. 원수를 무시하면 패할 수밖에 없다. 바울은 "마귀의 간계를 능히 대적하기 위하여 하나님의 전신 갑주를 입으라"(엡 6:11)고 명령했다.

오늘날, 바울의 명령에 관심을 기울이지 않는 그리스도인들이 너무나도 많다. 전투태세보다 무장해제를 더 많이 외치는 교회들이 허다하다. 많은 설교자들이 이 세상에서 두 왕국이 벌이는 싸움을 강조하기보다 보편적인 형제애를 독려하고 있다.

사탄이라는 주제가 아무리 불쾌하게 느껴지더라도 우리는 이 주제를 깊이 탐구하지 않으면 안 된다. 토머스 브룩스는 "가장 먼저 탐구하고 탐색해야 할 네 가지는 그리스도, 성경, 당신 자신의 마음, 사탄의 책략이다."라고 말했다.[3] 사탄의 목적, 능력, 한계에 관해 올바로 알지 못하면 부주의해질 수밖에 없고, 원수의 힘을 과소평가하는 어리석음을 자초하기 마련이다.

우리는 우리의 원수인 사탄의 인격성, 역사, 전략, 능력, 약점을 훤히 꿰뚫고 있어야 한다. 그에게 저항하는 방법과 어떤 무기로 그를 대적해야 할지를 알아야 한다. 삶을 통해 진리를 퍼뜨리고 영적 열매를 맺으면서, 믿음으로 그를 물리쳐야 한다. 주기도문의 여섯 번째 간구("우리를 시험에 들게 하지 마시옵고 다만 악에서 구하시옵소서")를 해설한 하이델베르크 교리문답 127문은 우리가 우리의 원수를 알고 물리치기 위해 어떤 도움을 구해야 하는지를 잘 보여주고 있다.

우리 스스로는 너무나도 연약해서 단 한순간도 버틸 수 없습니다. 우리의 철천지원수인 마귀와 세상과 우리의 육신이 끊임없이 우리를 공격합니다. 따라서 주님의 성령의 능

---

3. Thomas Brooks, *Precious Remedies against Satan's Devices* (Edinburgh: Banner of Truth Trust, 1968), 15.

력으로 우리를 보존하고 강하게 하사, 이 영적 싸움에서 패하지 않고 마침내 완전한 승리를 거둘 때까지 항상 힘써 원수들을 대적하게 하소서.[4]

이 책을 통해 사탄과 그의 책략을 연구하면, 원수를 물리치고 완전한 승리를 거둘 때까지 항상 힘써 잘 싸울 수 있는 법을 배울 수 있을 것이다. 하나님이 이 싸움에서 우리를 도와주시기를 기도한다.

---

4. Heidelberg Catechism, in *The Reformation Heritage KJV Study Bible* (Grand Rapids: Reformation Heritage Books, 2014), 2005 – 6.

Part 1

원수를 알자 :
사탄의 인격성과 역사

1장
성경에 나오는 사탄

때로 "사탄학"으로 일컬어지는 사탄에 관한 교리의 근본 토대는 그의 인격성과 역사다. 이 교리는 타락한 천사들에 관한 연구를 포함시켜 "귀신학"으로 불리기도 한다. 인간 창조 이전에 창조되어(욥 38:7) 영원한 미래에까지 이르는 사탄의 생애는 성경이 가르치는 중요한 교리 가운데 하나다.

성경에는 사탄을 언급한 내용이 너무나도 많기 때문에 마귀의 현실을 인정하지 않고서 기독교 신앙을 견지하기는 어렵다. 구약성경 가운데 아홉 권의 책(창세기, 레위기, 신명기, 역대상, 욥기, 시편, 이사야, 에스겔, 스가랴)과 신약성경의 모든 저자가 그의 존재를 언급하고 있다.

구약성경에 나오는 사탄

"사탄"은 "고발자, 대적자, 저항하는 자"라는 뜻의 히브리어이다. 이 용어가 구약성경에 사용된 횟수는 모두 열아홉 번이고, 그 가운데 열네 번이 욥기 1장과 2장에 사용되었다. 역대상 21장 1절, 시편 109편 6절, 스가랴 3장 1, 2절에서도 이 용어가 발견된다.

학자들은 "사탄"이라는 용어가 고유한 이름인지 칭호인지를 둘러싸고 오랫동안 논쟁을 벌였다. 욥기와 스가랴에서는 그 용어 앞에 정관사가 사용된 것을 볼 수 있다. 따라서 이를 문자대로 번역하면 "그 사탄", "그 고발자"로 옮길 수 있다. 그러나 역대상 21장 1절과 시편 109편 6절의 경우에는 정관사가 사용되지 않았다. 어떤 학자들은 이런 사실을 토대로 욥기와 스가랴서에서는 칭호로, 역대상과 시편 109편에서는 고유한 이름으로 사용되었다고 결론짓는다.[1]

---

1. Walter A. Elwell, ed., *The Evangelical Dictionary of Biblical Theology*

사탄을 비롯해 모든 천사가 하나님에 의해 영적 존재로 창조되었다(시 148:2, 5; 히 1:7, 14). 사탄은 지위가 가장 높고 가장 뛰어난 천사, 곧 특별히 영예로운 위치에서 하나님을 섬겼던 천사일 가능성이 높다. 에스겔서 28장 12-15절은 죄를 짓기 전의 사탄의 상태를 상세하게 묘사하고 있다. 에스겔 선지자는 그 본문에서 두로 왕에 대한 심판을 선언하고 있지만, 그의 말은 지상의 왕을 뛰어넘어 천사의 타락을 가리킨다. 그는 사탄을 "기름 부음을 받고 지키는 그룹"(14절), 곧 "지혜가 충족하며 온전히 아름다웠을" 뿐 아니라(12절), 도덕적으로 "완전했던" 존재(15절)로 묘사했다. 사탄은 "하나님의 동산 에덴에 있었고"(13절), "하나님의 성산에서…왕래했다"(14절).

도널드 반하우스는 이렇게 말했다. "사탄은 하나님이 그에게 허락하신 장엄함에 둘러싸인 채로 그의 높은 직위에 걸맞은 온전한 아름다움과 권세를 지니고 태어났다. 그는 능력과 지혜와 아름다움에 있어서 모든 무리를 능가했

(Grand Rapids: Baker, 1998), 714.

다. 그가 소유했던 것보다 더 많은 것을 굽어볼 수 있는 자리는 오직 하나님의 보좌뿐이었다." 반하우스는 타락 이전의 사탄이 "하나님을 섬기는 재상의 직책을 부여받고, 우주와 이 세상을 다스렸다."고 결론지었다.[2]

낙원에서의 타락과 활동

에스겔서 28장 15-19절은 사탄이 자신의 아름다움과 영광에 도취되어 어리석게도 영광의 하나님을 보좌에서 몰아내려는 야욕을 품은 까닭에 높은 직위에서 떨어졌다고 말한다. 사탄의 죄는 교만에서 시작되어 자기기만으로 발전했고, 반역하는 마음을 품는 것으로 귀결되었다. 그는 많은 천사들을 미혹해 함께 하나님을 거슬러 반역을 일으켰다(계 12:4). 하나님은 사탄을 비롯해 반역에 가담한 천사들을 하늘에서 땅으로 내쫓으셨다(겔 28:16-17). 그로써 사탄은 하나님의 기름 부음 받은 그룹이라는 본래의 직위를 영

---

2. Donald Grey Barnhouse, *The Invisible War* (Grand Rapids: Zondervan, 1965), 26 – 27.

원히 잃고 말았다(유 6절).

사탄은 더 이상 하늘에서 하나님을 직접 공격할 수 없게 되자, 창조 사역의 절정에 해당하는 인간에게 자신의 악한 의도를 모두 쏟아부었다. 역사 속에서 이루어진 사탄의 활동이 창세기 3장에 처음 등장한다. 사탄은 뱀의 모습으로 낙원에 들어와 하와에게 접근했다. 그는 하와를 유혹하기 위해 여러 가지 책략을 사용했다. 그는 오늘날에도 여전히 우리를 상대로 그런 책략들을 사용한다.

1. 사탄은 하나님의 명령을 부정적으로 보이게 만들었다. 그는 하와에게 "하나님이 참으로 너희에게 동산 모든 나무의 열매를 먹지 말라 하시더냐"(창 3:1)라고 물었다. 사실 하나님은 한 나무만 제외하고 동산의 모든 나무의 열매를 먹을 수 있다고 아담과 하와에게 말씀하셨다. 하와는 "동산 나무의 열매를 우리가 먹을 수 있으나 동산 중앙에 있는 나무의 열매는 하나님의 말씀에 너희는 먹지도 말고 만지지도 말라 너희가 죽을까 하노라 하셨느니라"(창 3:2-3)라고 말하며, 사탄의 잘못된 말을 고쳐주었다.

2. 사탄은 하나님의 동기와 성품을 비난했다. 사탄은 하와에게 "너희가 결코 죽지 아니하리라 너희가 그것을 먹는 날에는 너희 눈이 밝아져 하나님과 같이 되어 선악을 알 줄 하나님이 아심이니라"(창 3:4-5)라고 말했다. 사탄은 하와가 하나님의 선하심을 의심하도록 부추기면서 은근히 그분의 성품을 비난했다. 사탄의 말에는, 선악을 알게 하는 나무의 열매를 먹는 것을 금하고 아담과 하와의 자유를 제한한 처사로 미루어 볼 때 하나님은 결코 선하지도 공정하지도 않으시다는 의미가 담겨 있었다.

3. 사탄은 인간이 하나님처럼 될 수 있다고 말했다. 사탄은 "너희가…하나님과 같이 되어 선악을 알 줄"(창 3:5)이라는 말로 자신이 원했던 목적을 인류에게 주입시켰다. 이 말은 아담과 하와가 자기들이 하고 싶이 하는 것과 옳고 그른 것을 스스로 결정할 수 있다는 뜻이었다. 그들은 다른 사람들의 말은 물론, 심지어 하나님의 말씀조차도 들을 필요가 없었다. 그들은 스스로 신이 될 수 있었다. 그러나 결국 그것은 절반의 진실에 지나지 않았다. 왜냐하면 선악을

알게 되었지만 결코 하나님처럼 될 수는 없었기 때문이다. 물론 사탄은 하나님의 은혜가 없이는 선을 행하거나 악을 피할 능력을 지닐 수 없다는 사실을 알려주지 않았다.

4. 사탄은 죄를 좋아 보이게 만들었다. 창세기 3장 6절은 "여자가 그 나무를 본즉 먹음직도 하고 보암직도 하고 지혜롭게 할 만큼 탐스럽기도 한 나무인지라 여자가 그 열매를 따먹고 자기와 함께 있는 남편에게도 주매 그도 먹은지라"라고 말한다.

활동은 하지만 온전히 하나님의 통제 아래 있는 사탄

사탄은 아담과 하와를 부추겨 하나님을 거역하고 그분과의 언약을 깨뜨려 온 인류를 죄에 빠뜨리게 만드는 데는 성공했지만, 구약 시대 내내 항상 하나님의 통제를 받았다. 사탄이 사울 왕에게 영향을 미친 사건이나(삼상 16:14), 그가 하나님과 욥을 상대했던 태도를 보면(욥 1장) 이런 사실을 분명하게 알 수 있다. 사탄은 하나님이 창조주의 주권적인 능력으로 정하신 한계를 벗어날 수 없다. 그는 하나님의 허락 없이는 "움직일 수 없다."[3]

그럼에도 불구하고 사탄은 에덴동산 사건 이후로 계속해서 여자의 후손의 발꿈치를 상하게 했다. 가인과 아벨, 이스마엘과 이삭, 에서와 야곱, 애굽과 이스라엘의 갈등과 대립을 통해 사탄의 영향력이 분명하게 드러났다. 사탄의 목적은 항상 동일하다. 그것은 선택받은 여자의 후손을 해치는 것이다. 바로는 이스라엘 백성이 낳은 사내아이를 모두 죽이라고 명령했다. 애굽 군대는 홍해에서 이스라엘 백성을 공격했다. 하만은 에스더와 그녀의 백성을 없앨 음모를 꾸몄다.

구약성경을 통해 알 수 있듯이, 사탄은 언제 어디서나 하나님의 장기적인 목적을 방해하려고 애쓴다. 그는 다윗을 충동해 인구 조사를 하게 만들었고(대상 21:1), 대제사장 여호수아의 죄를 비난했으며(슥 3:1), 자해 의식(왕상 18:28), 사악한 마술(왕하 9:22), 점술(왕하 21:6, 7), 복술(미 5:12)과 같은

---

3. Heidelberg Catechism, question 28, in *Reformation Heritage KJV Study Bible*, 1991.

이교 관습을 통해 선택받은 하나님의 백성을 무력하게 만들려고 애쓴다. 그러나 사탄의 악한 계획은 아무리 뛰어나더라도 항상 실패한다. 그 이유는 하나님이 그것이 자신의 목적을 방해하지 않고 오히려 성취하도록 섭리하시기 때문이다. 사탄은 욥이 이기심에 사로잡혀 있다며 그의 경건한 믿음에 의문을 제기했지만, 결국 하나님은 불같은 시련을 통해 자신의 종 욥을 단련해 정금같이 나오게 만드셨다. 사탄은 발람을 이용해 이스라엘을 저주하려고 했지만, 하나님의 영이 발람에게 임해 이스라엘을 향한 하나님의 은혜로우신 뜻을 예언하도록 이끄셨다. 칼빈은 사탄이 하나님의 명령에 따라 통제를 받기 때문에 "그분을 섬기지 않을 도리가 없다."고 말했다.[4]

우리의 가장 큰 원수인 사탄의 악한 계획이 우리의 가장 좋은 친구이신 주님의 통제를 받는다는 사실을 알면 무한한 위로를 느낄 수 있다. 성경은 "우리가 알거니와 하나

---

4. John Calvin, *The Institutes of the Christian Religion*, ed. John T. McNeill, trans. Ford Lewis Battles (Philadelphia: Westminster Press, 1967), 1.14.17.

님을 사랑하는 자 곧 그의 뜻대로 부르심을 입은 자들에게
는 모든 것이 합력하여 선을 이루느니라"(롬 8:28)라고 말한
다. 이것이 칼빈이 "때로는 마귀도 우리를 돕는 의원처럼
행동할 수 있다."고 말했던 이유다.[5]

신약성경에 나오는 사탄

사탄에 관한 교리는 신구약 중간기와 신약 시대에 더욱 발
전했다. 신구약 중간기 문헌은 사탄을 벨리알, 마스테마,
사마엘로 일컫는다. 사탄은 귀신들의 군대를 이끌고 하나
님과 그분의 천사들을 대적하는 존재로 묘사된다. 그는 신
자들을 유혹하고 공격하며, 귀신들과 거듭나지 못한 사람
들을 이끌고 하나님을 대적한다(희년서 11:5, 17:16; 에녹1서 40:7).

신구약 중간기 문헌은 구약 시대에 일어난 악의 궁극적
인 원인이 사탄에게 있다는 사실을 구약성경보다 더 자주

---

5. John Calvin, *Sermons on Galatians*, trans. Kathy Childress (Edinburgh:
Banner of Truth, 1997), 407.

언급한다(솔로몬의 지혜서 2:24). 구약성경은 대개 사탄을 직접적으로 거명하지 않지만, 신구약 중간기 문헌은 사탄을 창세기 6장 1-4절에 언급된 다른 "타락한 천사들"을 이끄는 우두머리인(희년서 10:5-8, 19:28) "타락한 천사"로 분명하게 묘사한다.

사탄의 이름

사탄을 종종 "마귀(디아볼로스)"로 일컫는 신약성경을 통해서도 그에 관한 많은 사실을 배울 수 있다. "고발자, 비방자"를 뜻하는 이 용어는 신약성경(킹제임스 역)에서 모두 60회 사용되었다. 그 가운데 복음서에서 사용된 횟수는 40회에 달한다. 사탄은 굉장한 비방자다. 하와의 경우처럼 그는 사람들 앞에서 하나님을 비방하고, 때로는 욥의 경우처럼 하나님 앞에서 사람들을 비방한다. 또한 그는 사람에게 사람을 비방하기도 한다.

"사탄"이라는 용어는 신약성경(킹제임스 역)에 모두 34회 사용되었다. 그 가운데 절반은 복음서와 사도행전에, 나머지 절반은 서신서와 요한계시록에 사용되었으며, 여섯 번을 제외하고는 모두 "그 사탄the satan"이라는 표현이 쓰였다. 사탄을 가리키는 다른 신약성경의 용어로는 "참소하던 자"(계 12:10), "대적"(벧전 5:8), "아볼루온"(계 9:11), "바알세불"(마 12:24), "벨리알"(고후 6:15), "용"(계 12:7), "이 세상의 신"(고후 4:4), "공중의 권세 잡은 자"(엡 2:2), "이 세상의 임금"(요 12:31), "뱀"(계 20:2), "시험하는 자"(마 4:3) 등이 있다.

이런 이름들은 사탄을 매우 다채롭고 강력한 존재로 묘사한다. 청교도 에드워드 레이놀즈는 이렇게 말했다. "사탄에게 적용된 세 개의 이름이 그가 가장 즐겨 사용하는 세 가지 활동 원리를 암시한다. 다시 말해 '뱀'은 그의 교활함을(창 3:1), '사자'는 그의 능력을(벧전 5:8), '용'은 그의 악의를(계 20:2) 각각 나타낸다."[6]

사탄의 인격성과 군대와 수하들

이런 명칭들은 사탄이 비인격적인 악의 세력이 아니라

---

6. Edward Reynolds, "The Brand Plucked Out of the Fire," in *The Whole Works of the Right Rev. Edward Reynolds* (London: B. Holdsworth, 1826), 5:195.

는 사실을 보여준다. 그는 지성(고후 11:3), 감정(계 12:17), 의지(딤후 2:26)와 같은 인격적 특성을 모두 갖추고 있다. 그를 가리킬 때 인칭대명사가 사용된다(마 4:1-12). 그는 인격체이기 때문에 하나님 앞에서 도덕적인 책임을 져야 한다(마 25:41). 이것이 신약성경이 그를 교만하고 반항적이고 무법하고 비방을 일삼는 존재로 묘사하며 거짓말쟁이, 속이는 자, 곡해하는 자, 모방자로 일컫는 이유다.

신약성경은 사탄이 타락한 천사들의 우두머리이자 잘 조직된 영적 군대의 대장이라고 가르친다(마 25:41). "통치자들, 권세들, 이 어둠의 세상 주관자들"과 같은 용어들은 사탄이 이끄는 군대의 계급을 가리킨다(엡 6:12). 사탄은 유능한 장군처럼 그런 계급을 가진 귀신들을 이용해 정보를 수집하고, 어둠의 왕국에서 자신의 계획을 실행에 옮긴다.

사탄과 귀신들은 그리스도를 주님으로 받아들이지 않는 세상 사람들 사이에서 자신들의 사악한 활동을 전개한다(막 4:15; 요 8:44; 골 1:13). 사탄은 금욕주의, 자유분방주의, 마음의 확신이 없는 지성적 유신론, 어리석은 점술 행위 등, 가용한 모든 수단을 동원해 사람들의 생각을 어둡게 만들고, 그리스도를 믿는 믿음으로 구원을 받지 못하도록 방해하며, 자기에게만 충성하도록 유도한다(고후 4:4; 눅 8:12). 이것이 사탄을 추종하는 사람들을 "악한 자의 아들들"(마 13:38), "사탄의 일꾼들"(고후 11:15), "마귀의 자녀들"(요일 3:10)이라고 일컫는 이유다.

빙의

때로 사탄과 귀신들은 자신들의 추종자들 안에 들어가서 그들을 완전히 통제한다. 이것이 빙의, 곧 귀신 들림이다. 누가복음 8장 30절은 "많은 귀신이 들렸다"는 이유로 "군대"라고 불렸던 한 남자에 관해 말한다. 특히 그리스도의 죽음과 부활 이전에는, 사탄과 귀신들이 사람들의 마음과 육체를 공공연히 강력하게 유린하고 공격하는 일이 잦았다. 하나님은, 사람들이 구원자의 필요성을 깊이 의식하게 하고, 그들을 구원하는 그리스도의 능력이 분명하게 드러나게 하기 위해 귀신들이 그런 일을 저지르도록 허용하셨다. 귀신이 들리면 눈이 멀거나(마 12:22), 걷지 못하거나(행 8:7), 경련을 일으키거나(눅 9:39), 발작을 일으키거나(막

9:17, 20, 26), 자해를 하거나(막 9:22), 초인적인 괴력을 발휘하거나(막 5:4), 정신 분열을 일으키거나(막 5:6-10), 예수님의 신분을 알아보는 특별한 지식을 갖게 되거나(막 5:7), 간질이나 기괴한 행동을 보이는 것(마 17:15; 눅 8:27)과 같은 현상이 나타난다. 사탄과 귀신들은 온갖 종류의 정신적, 육체적 고통을 사람들에게 안겨주기를 좋아한다. 이 모든 현상의 공통점은 파괴다. 그 이유는 사탄이 파괴자이기 때문이다. 복음서 저자들은 귀신들의 활동을 다양한 육체적 질병들로부터 신중하게 구별한다(마 4:24; 눅 4:40-41).

사탄은 하나님을 격렬히 반대하며, 사람들이 그분을 멀리하게 만들려고 끊임없이 획책한다. 그는 그리스도를 따르는 사람들과 치열한 싸움을 벌인다(눅 8:33; 고전 7:5). 모든 신자의 내면에는 성령께서 내주해 계신다. 그들은 그리스도의 소유이기 때문에 귀신에게 사로잡히지 않는다(고전 6:19). 요한은 우리 안에 거하시는 예수님이 세상에 있는 사탄보다 크시다는 말로 이런 사실을 분명하게 보여주었다(요일 4:4). 그럼에도 불구하고 사탄은 여전히 베드로의 생각에 영향을 미쳤고, 예수님이 그에게 "사탄아 내 뒤로 물러

가라"(마 16:23)라고 단호하게 꾸짖으실 수밖에 없게 만들었다. 누가복음 22장 31절은 사탄이 모든 제자를 밀 까부르듯 까불러 시험하려고 했다고 말한다. 요한계시록 12장 10절은 사탄이 하나님 앞에서 신자들을 참소한다고 말한다.

사탄과 그리스도의 대결

말씀이 육신이 되심으로써 마귀와 여자의 후손이 본격적으로 싸움을 벌이기 시작했다. 때가 찼고, 예수 그리스도께서 세상에 오셨다. 이것은 사탄과의 영적 전쟁에서 하나님이 취하신 가장 큰 공격 전술이었다. 예수님은 사탄과 귀신들에 대해 성경 속의 그 어떤 인물보다도 더 많이 말씀하셨다. 사탄과 귀신들도 예수님에게 가장 격렬한 공격을 퍼부었다. 사탄은 그분의 무죄한 인성을 공격하기 위해 특별한 방법으로 그분을 시험했다. 그리스도께서는 유대 광야에서 세례를 받고 나서 유혹의 용광로 속으로 걸어 들어가셨다. 사탄은 40일 동안 육신의 정욕과 안목의 정욕과 이생의 자랑으로 예수님을 유혹하며 그리스도의 거룩한 인성을 자신의 통제 아래 두려고 시도했다(마 4:1-11). 사탄은 예수님에게 독자적으로 행동하고(4:3-4), 멋대로 행동하고(4:5-7), 우상숭배를 하도록(4:8-10) 유혹했다. 하와에게 하나님께 대한 복종 없는 영광을 약속했던 것처럼, 그리스도께 십자가 없는 영광을 줌으로써 그분의 대리 속죄 사역을 불필요하게 만드는 것이 사탄의 목적이었다.

예수님은 단호한 태도로 사탄과 귀신들을 거듭 물리치셨을 뿐 아니라, 이후에 공적으로 사역하실 때도 사람들에게 역사하는 그들을 계속해서 물리치셨다. 그분은 포로된 자들에게 자유를 선포하는 사역을 시작하셨다(눅 4:18). 예수님은 귀신 들려 눈 멀고 말 못하는 사람을 고쳐주신 일로 바리새인들과 논쟁을 벌일 때, 사람들의 삶에서 사탄을 내쫓는 것이 자신의 목적임을 분명하게 밝히셨다(마 12:26). 또한, 예수님은 18년 동안 사탄에게 매여 있던 한 여인을 자유롭게 해주셨다(눅 13:16).

사탄은 겟세마네에서 지옥의 권세를 총동원했다. 예수님이 하나님의 진노의 잔을 의식하며 간절히 기도를 드릴 때도 사탄은 그분의 제자들 가운데 하나를 부추겨 그분을 배신하게 하고, 다른 제자들을 밀 까부르듯 까불러 모두 그분을 버리고 도망치게 만들었다(눅 22:3, 31; 요 13:2, 27; 마 26:56). 그리스도의 마음이 찢어질 듯 아팠을 것이 분명하다(시 69:20). 그리스도께서는 사탄의 도구로 사용된 가룟 유다를 통해 깊은 영혼의 상처를 경험하셨다. 그분이 사탄의 세력에게 "이제는 너희 때요 어둠의 권세로다"(눅 22:53)라고 말씀하신 것은 지극히 당연했다.

예수님에 대한 사탄의 공격은 "가바다"(요 19:13)에서도 계속되었다. 그리스도께서는 그곳에서 자색 옷을 입고 가시 면류관을 쓴 채로 채찍질과 조롱과 구타를 당하셨다. 마지막으로 사탄은 골고다에서 다시금 악의 세력을 모두 쏟아냈다. 바산의 황소들이 고난받은 메시아를 에워쌌다(시 22:12). 온갖 모욕이 예수님께 쏟아졌다. 난폭한 군인들, 잔인한 구경꾼들, 거룩한 예복을 입은 이기적인 제사장들과 장로들은, 그리스도께서 십자가에 매달려 하늘과 땅과 지옥으로부터 버림을 받은 채 성부 하나님의 진노의 불길을 남김없이 감당하고 계실 때 그분을 향한 악의적인 조롱을 서슴지 않았다. 예수님의 입에서 터져 나온 "나의 하나님, 나의 하나님, 어찌하여 나를 버리셨나이까"(마 27:46)라는 말로 다할 수 없는 고뇌의 울부짖음이 어둠을 가르고 길게 울려 퍼졌다.

어느 날, 루터는 오전 내내 이 고뇌의 의미를 이해하기 위해 깊은 묵상을 하고 나서 자리에서 일어나 "하나님이 하나님으로부터 버림을 받으셨다. 누가 이를 이해할 수 있으랴?"라고 고백했다.[7] 참으로 이 진리는 이해하기 어렵다. 그러나 한 가지는 분명하다. 그것은 사탄이 십자가에서 결정적으로 패배했다는 것이다. 히브리서 2장 14절은 "죽음을 통하여 죽음의 세력을 잡은 자 곧 마귀를 멸하시며"라고 말한다. 그리스도께서 승리하신 이유는 사탄이 주도한 가장 혹독한 시련들을 겪으면서 온전히 복종하셨기 때문이다.

그리스도께서는 삶과 죽음과 부활과 승천을 통해 압제자의 권세를 꺾으셨다. 사탄은 나라들을 억압하던 지배권을 상실했다. 구약 시대에는 어둠 속에서 빛줄기가 나타났

---

7. As quoted in *The Suffering Savior; Or, Meditations on the Last Days of Christ*, by Friedrich W. Krummacher, trans. Samuel Jackson (Boston: Gould and Lincoln, 1856), 410.

지만, 이제는 그리스도를 통해 그 빛이 환하게 밝았다. 그리스도의 다함이 없는 빛과 영광이 사탄의 남아 있는 악과 어둠을 능가한다.

그리스도의 부활과 승천 이후부터는 빙의 현상이 크게 줄어들었다. 사도행전을 보면 주로 복음이 어떤 지역에 처음 전파되었을 때 몇 차례 그런 일들이 있었다는 것을 알 수 있다. 베드로와 빌립은 최소한 한 번 이상 귀신들을 내쫓았다(행 5:16, 8:7). 바울은 빌립보에서 점치는 귀신 들린 여종을 구해냈고, 에베소에서도 귀신들을 내쫓았다(행 16:16-18, 19:11-12). 그러나 신약성경 서신서에서는 빙의 현상에 관한 언급이 전혀 없고, 귀신 축출에 관한 가르침도 발견되지 않는다. 신약성경의 교회에서 빙의는 더 이상 아무런 문제가 아니었던 것으로 보인다.

사탄과 교회의 대결

그러나 사탄은 쉽게 패배를 인정하지 않았다. 그는 계속해서 다른 방식으로 그리스도의 교회의 발꿈치를 상하게 했다. 신약성경의 교회들은 구세주께서 경험하신 고난이나 상처와 같은 시련을 통해 그리스도 안에서 승리를 이루었다. 사도행전은 사탄이 거짓말로 교회를 어지럽게 하도록 아나니아와 삽비라를 충동함으로써 교회를 어려움에 빠뜨렸다고 말한다(행 5:3). 사탄은 고린도 교회 신자들을 유혹해 성적 문제와 관련해 자제력을 잃게 만들었다(고전 7:5). 사탄은 바울에게 "육체의 가시"(고후 12:7)를 주거나 데살로니가에 가지 못하게 방해함으로써 그를 시험했고(살전 2:18), 서머나에서 신자들을 박해했으며(계 2:9-10), 세상의 나라들을 미혹하고(계 20:7-8), 자신의 목적을 이루기 위해 광명의 천사로 가장했다(고후 11:14). 그의 수하인 귀신들은 배교를 부추겼고(딤전 4:1-3), 불법의 사람과 적그리스도의 정신을 퍼뜨렸다(살후 2:9; 계 2:18-29, 9:1-11).

교회는 사탄의 공격을 뚫고 계속 전진했다. 일시적인 좌절도 있었지만, 지옥의 권세는 교회를 이길 수 없었다. 그 이유는 예수님이 사탄보다 더 강하시기 때문이다.

질문

1. "사탄"이라는 용어는 무슨 의미인가? "마귀"는 또 무

슨 의미인가? 이 이름들의 의미는 사탄의 사역에 관해 무엇을 가르치는가?

2. 에드워드 레이놀즈가 성경에서 이끌어 낸 마귀의 세 가지 이름은 무엇인가? 이들 각각은 마귀를 매우 심각하게 받아들여야 하는 것에 관해 무엇을 가르치는가?

3. 빙의 현상은 무엇인가? 그리스도 안에 있는 신자도 귀신이 들릴 수 있는가? 가부를 대답하고, 각각 그 이유를 말해보라.

4. 그리스도께서는 사탄을 어떻게 정복하셨는가? 우리는 오늘날 그를 어떻게 물리치는가?

5. 성경은 오늘날에 마귀가 교회를 어떻게 공격한다고 가르치는가?

2장
교회사, 현재, 미래 안의 사탄

요한계시록을 기록한 것으로 사탄과 교회의 싸움이 끝난 것은 아니었다. 사탄은 교회 안팎에서 계속 활동했다. 그는 보이는 교회 안에 부패와 이단과 분쟁과 분열의 씨를 뿌리고, 수 세기 동안 보이는 교회에 대한 박해를 부추겼다.

사탄은 고위 성직자 제도를 구축하는 일을 관장해 성직자들이 주교, 대주교, 총대주교, 교황과 같은 직위에 올라 권력과 세력을 넓히게 만들었다. 그는 세례를 통한 중생, 화체설, 성찬을 미사로 대체한 관습을 비롯해 성례에 관한 미신을 조장했고, 로마의 이교 제사장직의 예복과 형상, 십자가, 조각상, 성인들의 유골 숭배 의식과 같은 이교의 관습을 기독교 예배에 도입하도록 부추겼으며, 삼위일체, 그리스도의 본성과 인격, 정경에 관한 그릇된 가르침은 물론, 중간 상태(림보)와 연옥 등 내세에 관한 그릇된 사상을 받아들이도록 독려했다. 보이는 교회의 부패와 거짓 교회의 출현은 사탄의 사역에서 비롯한 결과다.

한때 중동과 북아프리카 지역에서 번창했던 교회들이 차츰 부패하고 연약해지자, 사탄은 반격을 가하기 시작했다. 그는 한 거짓 선지자에게 환상과 가르침을 주어 아라비아의 부족들을 이끌고 군사 원정을 벌여 고대 세계에 무력으로 이슬람교를 세우게 했다. 기독교 교회는 많은 곳에서 완전히 폐허가 되고 말았다. 오늘날 이슬람교는 오랜 잠에서 깨어나 다시금 사탄의 부추김을 받아 그 어둠을 새로운 지역들에 퍼뜨리고, 세계 곳곳에서 또다시 공포를 조장하고 있다.

사탄은 고대로부터 종교개혁 시대와 대각성 운동을 비롯해 다양한 부흥 운동을 거쳐 20세기에 이르기까지 교회를 박해하도록 정부 당국을 부추겨 왔다. 그런 박해를 통해 이전의 시대를 모두 합친 것보다 더 많은 그리스도인들이 믿음 때문에 목숨을 잃었다. 눈에 띄는 사탄의 사역 가운데 하나는 독일에서 발흥한 히틀러의 국가사회주의이다. 나치는 많은 그리스도인은 물론, 유대인들의 궤멸을 목표로 삼았다. 러시아와 동유럽과 중국에서는 무신론적인 마르크스주의 내지 국제사회주의를 통해 기독교를 상대로 오랜 공포의 지배가 실현되었다. 그리스도인들은 여러 나라, 특히 이슬람 테러분자들의 손에 의해 또다시 심각한 박해를 당하고 있지만, 오히려 그런 시련들이 교회가 축복을 받는 기회가 되었다. 교회를, 풀을 깎은 들판에 비유한 테르툴리아누스의 말은 참으로 지당하지 않을 수 없다. 그는 "풀은 자주 깎을수록 더 많이 자란다."라고 말했다. 교회의 역사는 순교자들의 피가 교회의 씨앗이 되었다는 사실을 확증한다.

사탄에 관한 과거의 견해들

사탄에 관한 견해는 세월을 거치면서 다양하게 변해 왔다. 고대와 중세의 교회들은 과도하면서도 약간 공상적인 견해를 종종 발전시켜 퇴마사라는 직임을 장려했다. 교회 최초의 조직신학자로 일컬어지는 오리게네스는 "루시퍼"(사

14:12-15)가 교만에 사로잡혀 반란을 일으킨 타락한 사탄이라고 말했다. 아우구스티누스는 사탄이 루시퍼라는 것에는 동의했지만, 사탄이 하나님과 화목할 수 있다는 오리게네스의 생각은 거부했다. 토마스 아퀴나스는 모든 죄의 근원지인 사탄이 한때는 가장 직위가 높은 천사였지만 창조 사역이 끝난 직후에 교만에 사로잡혀 타락했고, 자기를 따르는 천사들을 미혹해 수하로 삼았다고 믿었다.

마르틴 루터는 많은 것을 귀신들의 소행으로 간주했다. 그는 귀신들이 숲과 물과 늪지와 광야를 오염시키고, 끊임없이 우리의 생명과 행복을 해치는 음모를 꾸미고 있다고 믿었다.[1] 그러나 말씀을 믿고 기도하면 사탄을 능히 대항할 수 있다. 루터는 "마귀는 다른 무엇보다도 하나님의 말씀을 더욱 증오한다."고 말했다.[2]

존 칼빈은 사탄과 귀신들의 존재를 입증하는 성경 구절

---

1. Martin Luther, *The Table Talk of Martin Luther*, trans. and ed. William Hazlitt (London: H. G. Bohn, 1857), 247.

2. Martin Luther, *The Four Psalms of Comfort*, in Luther's Works, ed. Jaroslav Pelikan (St. Louis: Concordia, 1958), 14:247.

들을 언급하면서 "귀신들을 그저 악한 감정으로 치부하는" 사람들을 논박했다. 그는 사탄과 귀신들에 관한 성경의 가르침을 살펴보면, 바울이 에베소서 6장 10-18절에서 말한 하나님의 전신 갑주를 차려입고 믿음과 기도로 무장해 "그들의 책략에 신중하게 대응하지 않을 수 없다."고 말했다.[3]

청교도들은 특히 사탄이 성령의 사역을 모방한다고 강조했다. 조나단 에드워즈는 "대각성 운동"을 돌아보면서, "사람들을 상대로 매우 바쁘게 일하는 거짓 영들이 있다. 그들은 종종 빛의 천사로 가장한 채 교묘하고도 강력하게 여러 가지 놀랄만한 방식으로 성령의 사역을 흉내 낸다."고 말했다.[4]

---

3. Calvin, *Institutes*, 1.14.13 – 19.

4. Jonathan Edwards, *The Religious Affections* (Edinburgh: Banner of Truth Trust, 2004), 69.

사탄에 관한 현대의 견해들

귀신의 활동은 현대의 세계관에 부합하지 않기 때문에 무시되거나 거부되는 것이 보통이다. 자유주의와 신정통주의 기독교는 19세기와 20세기의 자연주의에 순응하여 사탄의 존재를 원시적인 미신으로 배격했다. 그런 회의주의자 가운데 하나인 루돌프 불트만은 "전깃불과 라디오를 사용하고, 아플 때 현대적인 의료와 치료 수단을 활용하면서 그와 동시에 신약성경이 가르치는 경이로운 영의 세계를 믿을 수는 없다."고 말했다.[5] 오늘날, 과학과 기술은 오직 자연적인 세계만이 존재한다는 지배적인 이데올로기를 강조한다. 데이비드 포울리슨은 묻는다. "기상학자가 위성 사진과 컴퓨터 모델링을 이용해 일주일 전에 폭풍우를 예상하는 시대에 현대인이 과연 하나님이 번개와 뇌성

---

5. Rudolf Bultmann, *New Testament Mythology and Other Basic Writings*, trans. Schubert M. Ogden (Minneapolis: Fortress Press, 1984), 4.

을 주관하신다고 믿을 수 있는가?"[6]

심지어 교회를 다니는 사람들도 마귀를 자신들의 일상 언어에서 배제했다. 2011년의 연구 조사에 따르면 그리스도인을 자처하는 사람들 가운데 사탄은 실제 존재가 아닌 상징에 불과하다고 생각하는 사람들이 절반에 달하는 것으로 나타났다.[7] 많은 신학자와 심리학자들이 빙의 현상에 관한 성경의 이야기들을 자신들의 신학 이론과 심리 이론에 맞추어 재해석했다. 아이러니하게도 많은 성직자와 신학자들이 성경적인 마귀의 존재를 부인하는 데도 마술, 점성술, 이교주의, 사탄 숭배와 같은 것에 대한 관심이 새롭게 고조되고 있다. 오늘날, 마녀 집회, 난잡한 이교도들의 모임, "사탄의 교회" 등이 유럽과 북아메리카의 도시들 안에서 성행하고 있다. 어떤 저술가들은 미국 내에만 사탄

---

6. David Powlison, *Power Encounters: Reclaiming Spiritual Warfare* (Grand Rapids: Baker, 1995), 23.

7. "Barna Study of Religious Change Since 1991 Shows Significant Changes by Faith Group," Barna Group, accessed March 31, 2015, https://www.barna.org/barna-update/faith-spirituality/514-barna-study-of-religious-change-since-1991-shows-significant-changes-by-faith-group#.VRrWmY6_aW4.

과 관련된 집단이 500여 종류에 달하고 10만 명의 회원들이 전 세계에 퍼져 있다고 추정한다. 이 집단들은 대부분 공식적인 본부나 조직을 갖추고 있지 않고 자신들의 통계를 발표하지 않기 때문에 이런 수치들을 확신하기는 어렵다. 그러나 오늘날 북아메리카에서 사탄 숭배가 합법적인 종교로 버젓이 이루어지고 있다는 것은 분명하다.

영국의 한 경건한 집안에서 성장한 알레이스터 크로울리(1875-1947)는 유명한 신비주의자 엘리파스 레비를 통해 신비주의 사상과 점술 기술을 전수받고, 미국에 사탄 숭배를 처음 도입했다. 사탄이 하나님보다 더 강하다는 크로울리의 가르침과 마약에 취한 상태에서 종종 이루어졌던 기괴한 종교적인 성애 의식은 또 다른 영국인이었던 제럴드 가드너에게 영향을 미쳤다. 마법사를 자칭한 가드너의 책들은 "현대의 여신the Modern Goddess"에 근거한 현대적 마술 의식을 확립하는 데 기여했다. 가드너를 비롯해 1966년에 사탄의 교회를 설립한 앤턴 라베이를 통해 마술과 사탄 숭배의 상징인 "바포메트Baphomet"라는 우상의 형상이 널리 유행하게 되었다. 지역의 동굴들에서 이루어진 라베이의 모임에서 거행되는 의식에 참여하려면 "하나님은 죽었고 사탄은 살아 있다."라는 암호를 말해야 했다.

오순절주의자들과 은사주의자들은 사탄을 부인하는 사람들과 그를 숭배하는 사람들 사이에서 사탄의 현실과 영적 전쟁의 중요성을 강조해 왔다. 그들은 귀신들에 관한 불건전한 관심을 부추기는 오류를 저지를 때가 많다. 그들은 자신들이 겪는 모든 문제의 배후에 귀신이 역사하고 있다고 믿으며, 개인의 책임을 귀신들의 영향 탓으로 돌린다. 육신의 행위들은 쫓아내야 할 귀신들로 간주된다. 이로 인해 신비주의적인 영성이 갈수록 크게 유행되고 있다. "영적 맵핑spiritual mapping"과 귀신 축출 의식과 같은 미신적인 방책이 죄의 고백, 회개, 그리스도께 대한 새로운 복종과 같은 성경적인 행위보다 더 큰 호응을 불러일으키고 있다.

지난 몇 년 동안, 많은 사람이 사탄과 귀신들에 관해 더 많이 알게 되었다. 천사들과 귀신들을 주제로 다룬 책들이 기독교 서점이나 일반 서점에 즐비하게 진열되어 있다. 인기 있는 저술가들이 태도를 바꿔 마귀의 현실을 믿는 것으로 드러났다. 부인과 집착이라는 양극단을 피하고 사탄과 귀신들에 관한 균형 있는 성경적 견해를 널리 전할 수 있는 기회가 성경 중심적인 복음주의자들에게 주어졌다.

오늘날에 이루어지는 귀신들의 활동

그리스도의 죽음과 부활 이후로 사탄은 결박되었다. 창세기 3장 15절에 기록된 사탄에 대한 하나님의 선고가 실행되었다. 요한계시록 20장 1-3절은 세계 복음화에 큰 장애 요인이었던 사탄이 더는 만국을 미혹하지 못하게 되었다고 말한다. 사탄은 예수 그리스도의 죽음과 부활을 통해 결박되었기 때문에, 복음이 온 세상에 전파되는 것을 더 이상 가로막을 수 없다.

그러나 그렇다고 해서 오늘날의 세상에서 사탄의 사역이 완전히 중단된 것은 아니다. 하나님은 당분간은 그가 세상에서 활동하도록 허용하신다. 귀신들은 여전히 사탄의 명령을 수행하고 있고, 구원받지 못한 사람들도 그를 섬기고 있다. 심지어는 하나님의 백성도 때로 사탄에게 밀까부르듯 까불릴 때면 그런 잘못을 저지른다. 사탄은 하나님의 허락하에 현재의 악한 세상의 체제를 통해 불신자들을 지배한다(고후 4:3-4; 엡 2:2; 골 1:13).

신비주의적인 빙의 현상이 특히 이교 지역에 복음을 전한 많은 선교사들에 의해 보고되고 있다. 앞으로는 사람들이 이교 사상에 이끌려 신비주의에 빠지는 경향이 더 심화될 것이기 때문에 그런 일들이 더 많아지더라도 놀라서는 안 된다.

프레데릭 리히는 오늘날의 빙의 현상은 자발적이거나 비자발적일 수 있고, 항구적이거나 일시적일 수 있다고 결론지었다. 일반적으로 귀신 들린 사람은 인격이 억압을 받을 수도 있고, 이중적으로 나타날 수도 있다. 어느 경우가 되었든, 귀신이 희생자를 자신의 도구로 삼기 때문에 빙의와 단순한 정신 질환은 분명하게 구별된다. 치료는 대개 갑작스레 이루어진다. 그리고 치료받은 사람은 자신이 말한 것이나 행동한 것을 전혀 기억하지 못한다.[8]

---

8. Frederick Leahy, *Satan Cast Out: A Study in Biblical Demonology* (Edinburgh: Banner of Truth Trust, 1975), 80, 90, 91.

예수님과 사도들의 귀신 축출과 이교 관습에 근거한 오늘날의 귀신 축출은 큰 차이가 있다. 리히는 "이교의 귀신 축출은 사탄이 사람들을 지배하기 위해 사용하는 속임수에 지나지 않는다. 마술사를 지배하는 더 강한 귀신이 빙의된 사람 안에 있는 귀신을 쫓아내는 것이 확실하다. 그러나 그 사람은 치유되지 않는다. 그는 원수의 능력에서 구원받지 못한 상태다. 쫓겨난 귀신은 언제라도 되돌아올 수 있고, 또 그럴 것이 분명하다."라고 말했다.[9]

사역자들과 평신도들은 퇴마사가 되려고 애쓸 필요가 없다. 귀신 축출을 시험 삼아 어설프게 시도했다가는 심각한 위험이 발생할 수 있다. 그런 위험 가운데 하나는 비현실적인 것을 추구하거나 정신병에 걸릴 가능성이 있다는 것이다. 댄 밴더럭트는 이렇게 말했다.

우리는 타락한 인간이기 때문에 무의식적으로 우리의 죄를 있는 그대로 보기를 두려워하는 강한 성향을 지니고 있

---

9. Leahy, *Satan Cast Out*, 103.

다. 심지어 오랜 세월을 거치며 성숙해진 그리스도인들도 자신들의 부패한 본성에 깃든 가장 어두운 측면에 관해서는 아는 것이 거의 없다고 솔직하게 인정한다. 따라서 어떤 개인에게 그의 그릇된 생각과 행위가 귀신의 영향 때문이라고 말하는 것은 매우 위험하다. 심리적 장애를 겪는 사람이 그런 말을 들으면 악령 현상에 집착하게 될 가능성이 크다.

밴더럭트는, 악령 현상에 집착하는 사람은 "거짓 빙의의 징후를 나타낼 수 있다. 다시 말해 그런 사람은 (목소리 변조와 성격의 변화와 같은 현상을 보이며) 실제적인 빙의의 징후를 무의식적으로 흉내 낼 수 있다."라고 덧붙였다.[10]

리히는 "희생자를 영적으로 재점유해야만 항구적인 귀신 축출이 이루어질 수 있다."고 결론짓고 나서[11] 성령의

---

10. Dan VanderLugt, "Satan's Strategy," *Logos Resource Pages*, accessed March 31, 2015, http://logosresourcepages.org/Occult/satan_strat.htm#What in the.

11. Leahy, *Satan Cast Out*, 104.

능력이 뒤따르는 말씀의 사역을 통해 일어나는 구원의 역사로 말미암아 그런 재점유의 과정이 어떻게 이루어지는지를 보여주었다(눅 10:1-20). 성령 충만한 상태에서 선포되는 그리스도의 말씀은 사탄의 능력보다 더 강력하다(눅 4:36). 그것은 "구원을 주시는 하나님의 능력"('두나미스', 여기에서 '다이너마이트'라는 용어가 유래했다)이다(롬 1:16). 예수님은 하나님의 말씀으로 마귀에 대항하셨다. 우리도 그래야 한다.

사탄과 오늘날의 그리스도인

사탄과 귀신들은 하나님의 백성과 계속해서 싸움을 벌이면서 그들을 유혹하고, 그들의 삶과 믿음과 증언을 오염시키고 파괴하려고 애쓴다(고전 5:5).

참된 그리스도인들은 사탄의 존재를 부인하지 않는다. 하나님을 믿는 신자는 사탄의 실제적인 존재를 의심하지 않는다. 창세기 3장 15절에 주어진 "원복음protoevangelium"을 통해 예언된 여자의 후손과 뱀의 후손과의 싸움이 모든 참 신자들의 영혼 안에서 계속된다. 옛 사람과 새 사람,

육신과 영혼, 본성과 은혜 사이에서 싸움이 벌어진다. 리브가의 태 속에서 쌍둥이가 서로 다투었던 것처럼, 하나님의 백성들은 종종 자신 안에서 두 자손이 서로 다투는 것을 느끼고, 절박한 심정으로 "내가 어찌할꼬"(창 25:22)라고 부르짖지 않을 수 없다. 사탄과 세상과 육신이라는 삼두괴물과도 같은 원수와 벌이는 싸움은 매우 치열하다. 우리는 의심과 의문, 해결되지 않은 수수께끼, 이루어지지 않은 약속들과 사탄의 타격으로 인해 처절하게 찢긴다. 우리의 영혼이 종종 우리에게 불가사의하게 느껴지는 것은 너무나도 당연하다.

그리스도를 알기 전에는 그런 갈등을 경험한 적이 없었다. 신자가 되어야만 비로소 거룩한 싸움이 무엇인지를 알 수 있다. 하나님의 백성은 사탄이 날마다 자기를 해치려고 준동하는 것을 익히 알고 있다. 특히 하나님의 백성은 사탄이 다음과 같은 방법으로 공격을 가할 때 깊은 상처를 입는다.

- 사탄은 우리를 한 번도 나쁘게 대하신 적이 없는 하

나님의 긍휼과 그분의 약속을 의심하도록 부추긴다.

- 사탄은 당신이 하나님과의 관계를 맺었다고 생각하는 것은 당신만의 착각으로서 당신은 구원에 있어서 아무 분깃이 없다고 당신을 설득하려 한다.

- 사탄은 "하나님의 자녀 가운데 너처럼 기도를 등한시하고, 믿음이 약하고, 강퍅하고, 어리석고, 헛되고, 부패한 사람은 없을 것이다."라고 공격한다.

- 사탄은 고발자로 나서서 우리를 절망에 빠뜨리거나, 빛의 천사로 위장해 우리를 주제넘게 만든다.

- 사탄은 세상을 아름답게 보이게 만들어 속된 습관과 우정과 허영심을 추구하게끔 유도한다.

- 사탄은 육신의 정욕과 안목의 정욕과 이생의 자랑을 추구하도록 독려한다.

상처 입은 전사들은 사탄을 상대로 한 싸움에서 패배할까봐 두려워한다. 싸움에 지친 그들은 가파른 죄의 비탈길로 미끄러져 멸망을 향해 나아가는 자신들의 모습을 발견한다. 때로는 영적 곤궁함과 무기력함이 엄습해 그들을 짓누르고, 유혹자가 가까이 뒤쫓아와서 그들의 발꿈치를 공격한다. 상처 입은 전사들은 다윗처럼 고뇌에 찬 심정으로 "내가 후일에는 사울의 손에 붙잡히리니"(삼상 27:1)라고 탄식한다. 하나님의 손은 감추어진 것처럼 보이고, 지옥의 아가리가 커다랗게 드러난다. 기진맥진한 신자의 내면에서 하나님과 그분의 은혜를 더 이상 추구하지 말라는 속삭임이 들려오고, 그 외에도 많은 목소리가 울려 나와 신자를 사정없이 단죄한다. 사탄은 거짓말쟁이이지만 슬프게도 그가 신자를 단죄하는 속삭임 가운데는 사실인 것이 많다. 양심의 가책이 느껴지고, 율법의 명령과 저주가 진동한다.

상처 입은 신자들은 상처 난 발꿈치를 가지고 잘 걸을 수 없다. 스스로를 지탱할 힘이 없다는 사실을 인정하지 않으면 넘어질 수밖에 없다. 그들은 스스로 의롭다는 생각을 버려야 한다. 그들은 자신이 하나님으로부터 버림받아 마땅하다고 느끼며, 하나님이 그렇게 하신다고 해도 그분은 온전히 의로우실 것이라고 느낀다. 그들은 사탄이 단지 전초전만이 아니라 전쟁에서 궁극적으로 승리할까봐 두려워한다.

그러나 신자들의 깊은 자괴감에도 불구하고 하나님은 여자의 후손, 곧 승리하신 그리스도를 통해 승리를 거두신다. 이것이 복음의 놀라운 기적이다. 창세기 3장 15절의 말씀대로, 여자의 후손이신 그리스도께서 뱀의 머리를 상하게 하신다.

사탄에게 상한 발꿈치는 신자를 불편하게 만들 뿐 치명적이지는 않다. 왜냐하면 하나님이 사탄의 모든 노력을 무효화시켜 자기 백성을 유익하게 하시기 때문이다. 자아의 복종을 통해 그리스도 안에서의 승리가 이루어진다. 그리스도께서는 사탄이 괴롭히는 신자들을 하나로 모아 자신의 팔로 감싸고, "사랑하는 양들이여, 사탄이 너희의 발꿈치를 상하게 하였지만 나는 죽음과 부활과 심판을 통해 너희를 위해 그의 머리를 상하게 하였노라."라고 말씀하신다.

첫째, 그리스도께서는 속죄의 죽음으로 사탄의 머리를 상하게 하셨다. 사탄은 그리스도의 발꿈치(그리스도의 인성을 상징하는 부위)를 상하게 했지만, 그리스도께서는 사탄의 머리를 상하게 하셨다(창 3:15). 사탄이 갈보리에서 상하게 한 그 발꿈치가 오히려 그에게 더욱 치명적인 상처를 입혔다. 구체적으로 말해, 그리스도께서는 갈보리에서 선택받은 백성들의 죗값을 온전히 치르셨다. 히브리서 2장 14절은 "죽음을 통하여 죽음의 세력을 잡은 자 곧 마귀를 멸하시며"라고 말한다(골 2:13-15 참조).

존 필립스는 창세기 3장 15절을 주해하면서 이렇게 말했다.

> 사탄은 자신에 대한 심판의 선고를 통해 스스로가 너무 교활하게 굴었다는 사실을 깨달았다. 그는 하나님이 자기를 하늘에서 쫓아낸 것에 앙심을 품고 그분께 복수하려고 했던 까닭에 오히려 그분이 불법의 비밀을 단번에 해결하실 수 있는 길을 열어주고 말았다. 사탄이 복수를 꿈꾸었던 행성이 마지막 싸움터가 될 예정이었다. 인간 자신이 사탄의 패배와 심판을 위한 도구가 될 것이었다. 왜냐하면 하나님이 그 영광스러운 목적을 이루기 위해 친히 인간이 되실 생각이셨기 때문이다. 여자의 후손이 나타나 죄와 사탄

을 최종적으로 끝장내실 것이었다. 갑자기 지구는 온 우주 안에서 놀라운 의미를 지니게 되었다.[12]

둘째, 그리스도께서는 승리의 부활을 통해 사탄의 머리를 상하게 하셨다. 하나님의 아들은 썩음을 당하지 않을 것이기 때문에 사탄은 승리자이신 그리스도를 무덤에 가두어 놓을 수 없었다. 그리스도께서는 무덤에서 부활하셨다. 그분은 살아서 40일 동안 제자들에게 보이셨고, 성부께서 계시는 곳으로 승천하심으로써 사로잡은 자들을 취하셨다(시 68:18). 그리스도께서는 지금 지옥의 권세가 미치지 않는 하늘에서 하나님의 오른편에 앉아 계신다. 높임 받으신 그리스도께서 죽음과 지옥과 무덤의 열쇠를 쥐고 계신다. 교회는 그리스도 안에서 안전하며, 승리를 보장받는다.

---

12. John Phillips, *Exploring Genesis: An Expository Commentary* (Grand Rapids: Kregel, 2001), 61.

사탄의 미래

한 체스 챔피언이 두 사람이 체스를 두는 모습을 그린 한 폭의 그림에 깊이 매료되었다. 그림의 한쪽에는 거드름을 피우며 상대방을 바라보는 마귀가 앉아 있었고, 다른 한쪽에는 승부에서 졌을 때 당하게 될 심각한 결과를 생각하며 말을 어떻게 움직여야 할지 고민하는 젊은이가 앉아 있었다. 그 그림의 제목은 "외통수Checkmate"였다. 그림의 메시지는 분명했다. 마귀는 그 젊은이의 영혼을 영원히 사로잡기를 바라고 있었다.

체스 챔피언은 그림 안에 있는 체스판을 한참 들여다보더니 외통수를 피하고 되려 마귀에게 외통수를 날릴 방법이 그 젊은이에게 있다는 사실을 발견했다. 그는 그 젊은이를 향해 "당신이 내 말을 들을 수 있으면 참 좋으련만. 사탄이 속임수를 썼더라도 외통수라고 겁낼 필요가 없어요. 당신이 사탄에게 외통수를 날릴 수 있어요. 당신의 삶이 변화될 수 있어요. 최후의 한 수가 마귀가 아닌 당신에게 있어요."라고 크게 외쳤다.

신자는 그리스도 안에서 사탄에게 최후의 외통수를 날리게 될 것이다. 그리스도께서 구름을 타고 다시 오시기 직전에 사탄이 잠시 풀려나 교회를 향해 강력한 공세를 퍼부을 것이다(계 20:3, 7). 신자가 최대의 적인 사탄에게 외통수를 당할까봐 두려워하는 것은 당연하다. 그러나 그리스도께서 승리자로 와서 마지막 심판을 통해 사탄의 머리에 치명적인 상처를 입히실 것이다. 그리스도께서는 옛 뱀(사탄)을 사로잡아 지옥의 무저갱, 곧 "마귀와 그 사자들을 위하여 예비된 영원한 불"(마 25:41)에 영원히 던져 넣으실 것이다.

사탄과 타락한 천사들은 이 마지막 심판을 두려워한다. 심지어 예수님이 세상에 계실 때도 귀신들은 "나사렛 예수여 우리가 당신과 무슨 상관이 있나이까 우리를 멸하러 왔나이까"(막 1:24)라고 말하며 그분 앞에서 두려워했다. 누가복음 8장 31절을 보면, 귀신들이 자기들을 "무저갱", 곧 지옥의 심연 속으로 보내지 말라고 간청했던 것을 알 수 있다. 그들은 그 심연이 자신들의 궁극적인 운명의 장소라는 것을 알고 있다. 유다서 6절은 하나님이 하늘에서 반역을 일으킨 악한 영들을 영원한 결박으로 흑암에 가두셨다고 말한다.

마르셀러스 킥은 "마귀는 (지옥에서) 자기가 미혹했던 사람들로부터 열띤 환영을 받게 될 것이다. 그가 장차 저주와 욕설과 학대와 폭언과 질책을 얼마나 많이 받게 될지 가히 상상조차 하기 어렵다. 그는 저주의 못 한가운데서 영원히 증오와 멸시와 배척을 당하게 될 것이다."라고 말했다.[13]

심판 날에 사탄과 그의 후손들이 영원히 버림을 받게 될 것을 알면, 신자는 참으로 크나큰 위로를 느낄 수 있다. 그날에는 사탄의 머리가 마지막으로 완전히 상하게 될 것이다. 신자들을 비난하는 고발자가 다시는 그들을 비난하거나 상하게 하지 못할 것이다. 그는 여자의 후손을 더는 괴롭히지 못할 것이다. 우리의 적이 치명적인 상처를 입었다는 사실을 알면 큰 위안이 된다.

---

13. J. Marcellus Kik, *The Eschatology of Victory* (Nutley, N.J.: Presbyterian and Reformed, 1971), 248.

심판 날에는 고난받은 교회가 승리한 교회가 될 것이다. 신자들은 출애굽기 14장 13, 14절("너희는 두려워하지 말고 가만히 서서 여호와께서 오늘 너희를 위하여 행하시는 구원을 보라 너희가 오늘 본 애굽 사람을 영원히 다시 보지 아니하리라 여호와께서 너희를 위하여 싸우시리니 너희는 가만히 있을지니라")의 영적 의미를 온전히 경험하게 될 것이다.

심판 날에는 썩는 것이 썩지 않을 것을 유업으로 받게 될 것이다(고전 15:50). 새신자에서부터 성숙한 신자에 이르기까지 선택받은 자들이 모두 영원한 "엘림"으로 인도될 것이다(출 15:27 참조). 선한 것은 그 안에 들어가고, 악한 것은 모두 배제될 것이다. 갈등이 종식되고, 사탄과 그의 후손들이 하나님의 저주가 깃든 심연 속에 매장될 것이다.

사랑하는 하나님의 자녀들이여, 선한 용기를 내라. 그리스도의 후손은 사탄의 온갖 술책에도 결코 멸망하지 않을 것이다. 우리의 승리자이신 그리스도께서는 절대로 패하지 않으실 것이다. 사탄과 귀신들이 제아무리 강력해도 전능이나 전지나 편재와 같은 속성을 지니고 있지 않다. 사탄은 동시에 모든 곳에 존재할 수 없다. 그는 타락한 하나님이 아닌 타락한 천사에 지나지 않는다. 그는 강력하지만 전능하지 않다.

전능자이신 그리스도께서는 자신의 손으로 행한 일을 절대로 포기하지 않으신다. 그분의 목적은 확실하고, 그분의 재림은 임박했다. 불신자들은 사탄이 영원한 불못에 던져질 때 그와 함께 멸망하게 될 것이다. 그리스도를 알지 못하는 사람들이여, 이 사실에서 경고를 받으라. 당신이 일단 지옥에 가면 은혜로우신 하나님과 영원히 단절된 상태로 단죄받은 사탄과 함께 지내게 될 것이다. 지옥에 들어가면 사탄이 해를 가해도, 죽지 않는 벌레가 괴롭게 해도, 사악한 자들이 악한 일을 저질러도 더는 구원받을 길을 찾을 수 없을 것이다. 히브리서 2장 3절은 "우리가 이 큰 구원을 등한히 여기면 어찌 그 보응을 피하리요"라고 말한다.

마귀는 하나님이 부리시는 마귀라고 말한 루터의 말이 옳다면[14], 지옥은 하나님의 지옥이다. 사탄이 아닌 예수 그

---

14. Paul Althaus, *The Theology of Martin Luther*, trans. Robert C. Schultz

리스도께서 지옥의 열쇠를 쥐고 계신다. 준비되지 않은 상태로 왕 중의 왕이신 하나님의 손에 떨어지는 것은 참으로 두려운 일이 아닐 수 없다. 지옥을 모면하고 영원히 안전하게 거하려면 그리스도의 후손에 속해야 한다.

당신은 사탄의 후손인가, 그리스도의 후손인가? 이 외에 다른 후손은 없다. 그리스도께 속하든 사탄에게 속하든, 둘 중 하나뿐이다.

서둘러 이 질문에 대답해야 한다. 지금은 은혜의 날이요 구원의 때이다. 여자의 후손인 그리스도를 믿을 기회가 여전히 남아 있다. 그리스도께서는 자기를 믿으라고 하신다. 하나님의 은혜로운 초청을 받아들여 그분의 말씀 아래 머리를 숙이고, 그분께 온전히 복종하며, 그리스도 예수를 아는 지식과 은혜 안에서 성장할 수 있는 은혜를 간구하라.

마지막으로, 살면서 사탄의 힘이 느껴질 때는 다음 두 마디 조언을 기억해주기 바란다. 첫째, 중보자이신 예수 그리스도께로 도망치라. 그분은 필요할 때면 언제나 도와

(Philadelphia: Fortress Press, 1966), 165.

주겠다고 약속하신 전능한 옹호자요 완전한 보혜사이시다. 그분은 우리의 유일한 희망이요 요새이시다. 사탄은 그리스도 안에서 패배했다. 사탄이 정죄하거든 당신 자신을 정죄하고, 하지만 자격 없는 모습 그대로 성부 앞에서 우리를 옹호하는 의로우신 중보자 앞에 나아가라.

둘째, 하나님의 말씀과 약속으로 사탄을 대적하라. 사탄과 거래를 하거나 그의 유혹에 굴복해서는 안 된다. 굳세게 버텨라. 하나님의 전신 갑주를 차려입고, 하나님의 말씀으로 사탄을 대적하라. 사탄은 결박된 상태이고, 우리는 그보다 더 강한 그리스도께 속해 있다는 사실을 잊지 말라.

항상 깨어 경계하며 끝까지 희망을 유지하라. 자만하거나 지나치게 두려워하지 말고, 뱀의 후손을 경계하라. 사탄이 교만 때문에 타락했다는 것을 기억하라. 마치 우리 스스로가 하나님인 것처럼 그분과 상관없이 독자적으로 살도록 유도함으로써 죄를 되풀이하게 만드는 것이 그의 목적이다. 넘어지지 않도록 조심하라. 믿음과 겸손으로 하나님 앞에서 인내하라. 인생은 짧고, 시련은 일순간이라는 점을 상기하라. 장차 "평강의 하나님께서 속히 사탄을 너

희 발 아래에서 상하게 하시리라"(롬 16:20)라는 말씀의 진
리가 확연하게 드러날 것이다. 로버트 홀데인은 이 구절을
주해하면서 이렇게 말했다. "사탄에 대한 승리는 두 가지
차원에서 이루어진다. 첫째, 그의 머리가 예수 그리스도의
발에 짓밟혀 상처를 입었고, 둘째, 그의 몸의 나머지 부분
이 신자들의 발에 짓밟혀 상하게 될 것이다."[15] 이 위대한
진리를 기억하면 영광스러운 삼위일체 하나님의 능력으
로 끝까지 사탄과 맞서 싸울 수 있을 것이다.

질문

1. 사탄은 역사 속에서 교회를 어떤 식으로 공격했는가?
   오늘날에는 그가 어떻게 활동하고 있는가?

2. 사람들이 오늘날의 문화 속에서 마귀에 대해 흔히 저
   지르는 실수는 무엇인가? 성경을 근거로 그런 실수들
   에 대해 대답한다면 어떻게 대답하겠는가?

---

15. Robert Haldane, *Romans*, Geneva Series of Commentaries (1874;
repr., Edinburgh: Banner of Truth, 1958), 645.

3. 오늘날의 빙의 현상에 관해 어떻게 생각하는가? 사람들은 사탄의 능력으로부터 어떻게 구원받는가?

4. 사탄은 유혹과 고소로 신자들을 어떻게 해치려고 시도하는가? 당신에게 있어 사탄의 공격은 어떤 방식이었는가?

5. 신자들은 예수 그리스도 안에서 어떻게 사탄을 물리칠 수 있는가?

Part 2

사탄의 약점 파악하기 :
방어와 공격을 통해 사탄과 맞서 싸우기

3장
무너지지 않을 방어책을 구축하라

"그런즉 서서 진리로 너희 허리 띠를 띠고

의의 호심경을 붙이고 평안의 복음이 준비한 것으로 신을 신고

모든 것 위에 믿음의 방패를 가지고 이로써 능히 악한 자의

모든 불화살을 소멸하고 구원의 투구와…"(엡 6:14-17).

일전에 어떤 농부가 수박을 훔쳐가는 사람들을 막기 위해 자기 밭에 "경고 : 이 수박들 가운데 하나는 독이 들어 있음."이라는 푯말을 세웠다는 이야기를 전해 들은 적이 있다. 그는 수박이 더 이상 없어지지 않았기 때문에 며칠 동안은 자신의 방법이 효과가 있는 줄로 생각했다. 그러던 어느 날, 그는 푯말의 문구가 "경고 : 이 수박들 가운데 두 개는 독이 들어 있음."이라고 바뀐 것을 발견했다. 농부는 독이 든 다른 한 개가 어느 것인지 알 수 없었기 때문에 수박을 모조리 없애야 했다.

마귀도 이외 비슷한 방법을 사용한다. 우리가 어떤 푯말을 세우든 간에 그는 더 나은 계책을 생각해 내고 그것을 바꾸어 놓는다. 그는 협잡과 속임수의 대가다. 그런 마귀와 효과적으로 맞서 싸우려면 어떻게 해야 할까?

18세기 스코틀랜드 목회자 랄프 어스킨은 사탄에게 대항하는 방법은 "도망치거나 싸우거나" 둘 중 하나를 선택할 수밖에 없다고 말했다. 이 점을 고려하면 그리스도의 군사가 사탄과 맞서 싸울 수 있는 방법은 크게 세 가지로 정리된다. 첫 번째는 "전략적 후퇴", 곧 그리스도께로 도망치는 것이다. 그리스도의 군사인 우리는 그리스도의 강력한 능력을 의지해야 한다. 사탄을 피해 숨을 수 있는 곳은 오직 그리스도 안에만 존재한다(시 57:1).

악한 날에 피할 곳이 어디에 있는지를 알았다면, 이번에는 두 번째 방법을 사용해야 한다. 그것은 "무너지지 않을 방어책을 구축하는 것"이다. 에베소서 6장 10-18절에는 영적 전쟁에 관한 바울의 유명한 가르침이 담겨 있다. 그 가운데는 사탄을 대항하는 데 필요한 이 두 번째 전략을 다룬 내용이 대부분을 차지한다. 우리는 하나님의 전신 갑주를 입고 사탄과 맞서 싸워 그를 정복하고 쫓아내야 한다.

세 번째 방법은 "공격을 가하는 것"이다. 바울은 에베소서 6장 14-18절에서 사탄의 공격을 방어하는 데 필요한 다섯 가지 장비를 묘사하고 나서 그를 공격할 수 있는 세 가지 방법을 제시했다.

바울은 "하나님의 전신 갑주를 입으라"(엡 6:11)고 말했다. 부분적인 장비로는 충분하지 않다. 그래서 바울은 "전신 갑주"를 두 차례나 언급했다(11, 13절). 하나님의 전신 갑주를 입는다는 것은 그분을 온전히 의지하는 것을 의미한다. 그리스도께서도 전신 갑주를 입으셨을 뿐 아니라 그것을 만드셨다. 성령께서는 그것을 우리에게 주어 우리의 것으로 만드신다. 우리는 사탄과의 싸움에서 승리할 때까지 끝까지 싸워야 한다. 우리는 공격을 가해 그를 공략해야 한다. 그러면 지금부터 바울이 사용하라고 권고한 전신 갑주의 여덟 가지 장비를 차례로 살펴보면서, 사탄과 맞서 싸우는 데 필요한 실천적 교훈을 하나씩 찾아보기로 하자.

진리의 허리 띠

바울은 에베소서 6장 14절에서 "그런즉 서서 진리로 너희 허리 띠를 띠고"라고 말했다. 성경 시대의 군인들은 짧은 튜닉을 걸치고, 허리 부위를 띠로 단단하게 고정했다. 허리 띠는 등 하부의 허리와 근육을 지탱해주고, 갑주의 다른 부분들을 붙들어주는 역할을 했다. 호심경과 칼이 허리 띠에 장착되었다. 따라서 "허리 띠를 띠고"라는 말은 싸움에 임할 태세를 갖추는 것을 의미한다.

진리로 허리 띠를 동이라는 것은 성경에 계시된 믿음을 굳게 붙잡으라는 의미를 담고 있다. 성경은 교리와 실천을 위한 궁극적인 권위이자 진리의 객관적인 기준이다. 이것은 마음^heart의 허리(벧전 1:13)보다는 생각^mind의 허리와 관련이 있다. 왜냐하면 진리가 마음속에 들어가려면 먼저 생각을 통과해야 하기 때문이다. 따라서 사탄을 막아내려면 먼저 생각을 진리로 채워야 한다.

그러나 생각을 진리로 채우는 것만으로는 충분하지 않다. 진리를 아는 지식을 우리의 마음, 곧 우리의 가장 깊은 내면에 간직하는 것이 필요하다. 마귀와 효과적으로 맞서 싸우려면 진리에 정통해야 할 뿐 아니라 진리에 온전히 지배되어야 한다.

하나님을 제외하면 아마도 사탄이 우주에서 가장 생각이 뛰어난 존재일 것이다. 인간의 지혜와 이성은 사탄에게 저항하기에 충분하지 않다. 그러나 성경에 기록되었고 성자를 통해 인격화된 하나님의 진리는 사탄을 물리치기에 충분하다.

사탄과 싸우려면 진리가 필요하다. 진리가 없으면 "온갖 교훈의 풍조에 밀려 요동할"(엡 4:14) 수밖에 없다. 오늘날 감정에 지배당하는 사람들이 많다. 그들은 필요한 신학적 진리를 무시하는 탓에 "온갖 교훈의 풍조에 밀려 요동한다." 감정에 이끌려 이리저리 흔들리지 말고, 진리 위에 굳게 서라. 잠언 23장 23절은 "진리를 사되 팔지는 말라"고 가르친다. 토머스 브룩스도 《참된 회심》에서 "집과 토지와 보석은 팔아도 괜찮지만 진리는 값을 헤아릴 수 없는

보물이기 때문에 절대로 팔아서는 안 된다."고 말했다.[1]

예수님은 "너희가 내 말에 거하면 참으로 내 제자가 되고 진리를 알지니 진리가 너희를 자유롭게 하리라"(요 8:31-32)고 말씀하셨다. 우리는 그리스도와 그분의 진리 안에서 자유를 발견한다. 귀신들이 우리를 공격하지만, 우리가 그리스도와 그분의 진리 안에 굳게 서 있는 한, 그들은 우리를 이길 수 없다. 그리스도의 부활의 능력은 사탄의 능력보다 더 강하다. 사탄에게는 진리를 이길 만한 효과적인 무기가 없다. 사탄이 제아무리 사납게 날뛰며 우리를 공격하고 수많은 귀신을 보내 우리를 추격할지라도, 하나님의 진리이신 그리스도를 믿으면 굳세게 버틸 수 있다. 그들은 반석이신 그리스도를 딛고 있는 우리의 발을 조금도 움직일 수 없다.

사탄의 약점 가운데 하나는 그가 거짓을 의존한다는 것이다. 거짓은 궁극적으로 진리를 이길 수 없다. 결국에는 진리가 승리한다. 진리를 굳게 붙잡아라. 진리를 알고, 사

---

1. Brooks, *Precious Remedies*, 21.

랑하고, 실천하라. 진리이신 그리스도 안에 거하라. 그리하면 당신은 사탄을 물리치고 승리할 것이다.

의의 호심경

전신 갑주의 두 번째 장비는 "의의 호심경"(엡 6:14)이다. 바울 당시의 군인들은 금속이나 질긴 가죽으로 만든 흉배를 착용했다. 흉배는 가슴과 배를 보호하는 장비다. 그것은 중요한 장기를 칼이나 다른 무기로부터 보호한다. 흉배는 치명적인 상처나 가벼운 상처로부터 몸을 보호하는 중요한 방어용 장비다.

성경은 마음heart을 생각과 깊은 동기와 감정의 좌소로 간주한다. 바울 당시의 사람들은 심장과 간과 같은 장기를 감정의 중심지로 생각했다. 그들은 기쁨이나 분노와 같은 감정이 그런 장기에서 비롯한다고 믿었다. 비록 비과학적인 생각이지만 바울은 그런 이해를 토대로 중요한 영적 진리들을 가르쳤다. 그는 신자들에게 의의 호심경을 착용해 사탄의 공격으로부터 속사람의 중요한 기능과 부위를 보호하라고 당부했다. 보이지 않는 세력들과 싸움을 벌이는 신자들의 경우에는 생각과 동기와 감정이 가장 취약할 수밖에 없다. 그것들을 보호하려면 강한 장비, 곧 의의 호심경이 필요하다. 그것은 가장 깊은 내면이 상처를 입지 않도록 보호해준다.

호심경의 의는 하나님이 그리스도 안에서 제공하시는 것이다. 그리스도께서는 능동적인 순종과 수동적인 순종을 통해 그 의를 확보하셨다. 그분은 수동적인 순종을 통해 고난과 죽음을 감당함으로써 죗값을 온전히 치러 하나님의 공의를 충족시키셨고, 능동적인 순종을 통해 거룩한 율법을 흠 없이 지킴으로써 영생을 얻기 위해서는 완전해야 한다는 하나님의 요구를 만족시키셨다. 수동적인 순종과 능동적인 순종이 하나로 결합해야만 하나님의 공의를 온전히 충족시킬 수 있다. 다른 형태의 의는 무엇이든 아무런 가치가 없다.

인간은 이런 의의 측면을 어느 하나도 만족시킬 수 없기 때문에(누가 죽음과 지옥의 영원한 대가를 치를 수 있으며, 율법을 온전히 지킬 수 있겠는가?) 모든 죄인은 그 일을 대신 감당하신 그리스도를 의지하지 않으면 안 된다. 그리스도께서 죄인들을 대신해 그렇게 하실 수 있었던 이유는 그분이 하나님이시기 때문이다. 그분이 하나님이시기 때문에 율법에 대한 그분의 순종과 고난은 무한한 가치를 지닌다. 따라서 죄인들은 죗값을 치를 능력이 전혀 없었지만 그리스도께서는 불과 몇 시간 만에 신자들의 모든 죗값을 남김없이 청산하실 수 있었다. 성령의 역사를 통해 주어진 믿음으로 그리스도의 의를 받아들이는 것은 매우 시급하고도 절박한 일이 아닐 수 없다. 왜냐하면 그 의를 받아야만 죄 사함과 영생을 얻을 수 있기 때문이다. 그 의가 없으면 죄 가운데서 멸망할 수밖에 없다.

"내가 가진 의는 율법에서 난 것이 아니요 오직 그리스도를 믿음으로 말미암은 것이니 곧 믿음으로 하나님께로부터 난 의라"(빌 3:9)고 말한 바울은 그리스도를 얻고 그분 안에서 발견되는 것을 인생 최대의 목표로 삼았다. 그는 다음과 같이 말한다. "다른 것은 모두 배설물이요 쓰레기다. 나는 한때 나의 열심과 순종을 자랑했다. 그것들이 나의 자랑거리였다. 나는 나의 의를 의지했다. 그러나 지금은 전혀 그렇지 않다." 옛 찬송가도 "이 몸의 소망 무언가 우리 주 예수뿐일세."라고 노래했다.

당신은 자신의 의를 이사야가 말한 "더러운 옷"(사 64:6)으로 생각하는가? 당신은 예수 그리스도의 깨끗한 의를 덧입었는가?

사탄은 우리가 그리스도의 의를 의지하지 못하게 방해한다. 그는 구원의 소망을 우리의 생각과 감정 위에 두도록 유도한다. 우리의 감정이 식어 미지근하게 되면, 사탄은 "너는 하나님의 자녀가 아니다. 네가 하나님의 자녀라면 그런 감정을 느낄 리가 없다."고 속삭인다.

우리의 생각과 감정에 의존하라는 사탄의 부추김에 속아 넘어가기는 쉽다. 그 이유는 감정이 참 종교의 중요한 일부이기 때문이다. 참 종교는 생각을 뛰어넘어 의지와 감정을 모두 포함한다. 감정 없는 구원은 있을 수 없다. 그러나 사탄은 감정의 중요성을 과장한다. 그리스도의 의는 감정을 지나치게 의존하지 않도록 보호해준다. 앞서 언급한 옛 찬송가를 좀 더 인용하면 다음과 같다.

세상에 믿던 모든 것 끊어질 그 날 되어도

구주의 언약 믿사와 내 소망 더욱 크리라

굳건한 반석이시니 그 위에 내가 서리라

그 위에 내가 서리라.[2]

감정은 구원의 토대가 아니다. 믿음이 먼저다. 감정은 그리스도의 의를 믿는 믿음의 결과다. 그리스도께서 이루신 것을 온전히 의지하는 법을 배워야 한다. 하나님의 은혜로 그렇게 할 수 있다면 기쁨과 평화의 감정을 경험하게 될 것이다. 믿음이 감정에서 비롯한다는 사탄의 거짓말에 속아서는 안 된다. 그것은 영혼을 망치는 위험하고 절망적인 결과를 낳는다.

---

2. Edward Mote, "My Hope Is Built on Nothing Less," stanza 1 and refrain.

신발

바울은 에베소서 6장 15절에서 "평안의 복음이 준비한 것으로 신을 신고"라는 말로 전신 갑주의 세 번째 장비를 소개한다. 훌륭한 군인이 되려면 그에 맞는 신발을 신어야 한다. 바울이 잘 알고 있던 로마 군인은 질긴 가죽끈이 달린 샌들을 신었다. 샌들에는 날카로운 못이 촘촘하게 박혀 있어서 군인이 미끄러져 넘어지는 것을 방지했다. 신은 전투 중에 매우 중요한 역할을 한다. 율리우스 시저와 알렉산더 대왕의 군대가 많은 전투에서 승리를 거둔 이유는 전투를 잘하도록 돕는 군사용 신발 때문이었다. 그들은 그 신발 덕분에 짧은 시간에 먼 거리를 달려가서 방심한 적들을 기습했다.

　바울은 그리스도인들도 사탄을 대적할 때 올바른 신발을 신어야 한다고 말한다. 그것은 바로 "평안의 복음이 준비한 신"이다. 그리스도인은 항상 사탄의 군대와 싸울 준비를 해야 한다. 그러나 올바른 신발을 신지 않으면 미끄러져 넘어지고 패배할 수밖에 없다. 그리스도인이 영적 싸움을 힘써 노력해야 할 가치가 있는 일로 생각하지 않고 미온적인 태도를 보인다면, 그는 이미 패배한 것이나 다름 없다. 신자는 항상 싸울 준비가 되어 있어야 하고, 싸움에 임했을 때는 기꺼이 모든 어려움을 감내해야 한다. 참된 그리스도의 군사는 사탄과의 싸움이 매우 치열하다는 것을 잘 알고 있다.

평안의 복음은 못이 박힌 신발과 같아서 싸움에 임한 그리스도인이 땅을 굳게 딛고 강하게 버틸 수 있도록 도와준다. 그런 그리스도인은 루터처럼 "여기 제가 서 있나이다."라고 말하거나, 바울처럼 "믿음에 굳게 서라"(고전 16:13)고 말한다.

마귀에게 맞설 수 있는 가장 좋은 방법은 복음을 최대한 분명하게 이해하고, 그리스도의 보혈을 통해 주어지는 "모든 지각에 뛰어난" 복음의 평안을 경험하는 것이다. 우리의 정체성과 위로와 안정성은 우리가 지적으로나 경험적으로 복음을 얼마나 잘 이해하고 있느냐에 달려 있다. 복음을 잘 알아야만 사탄을 정면으로 쳐다보고 "만일 하나님이 우리를 위하시면 누가 우리를 대적하리요"(롬 8:31)라고 말할 수 있고, "평강의 하나님이 속히 사탄을 너희 발 아래에서 상하게 하시리라"(롬 16:20)는 확신을 가질 수 있다.

믿음의 방패

전신 갑주의 네 번째 장비는 믿음의 방패다. 바울은 신자가 믿음의 방패를 사용하면 "악한 자의 모든 불화살을 소멸할" 수 있다고 말했다(엡 6:16). 바울 당시의 로마 군대의 방패는 길이 1.2미터, 폭 60센티미터 정도로 전신 대부분을 가리기에 충분했다. 그것은 불연성 금속으로 만들어졌기 때문에 불화살도 능히 막을 수 있었다. 로마 군인은 그 방패로 불창과 불화살을 막기도 하고, 그 불을 끄기도 했다.

사탄의 책략은 불창과 불화살과 같다. 그는 하나님에 대한 신성모독적인 생각, 악의적인 암시, 부패한 욕망을 비롯해 수많은 창과 화살로 신자들을 공격한다. 사탄은 외적으로도 신자들을 향해 창을 날리고, 내적으로도 그들의 마음과 생각을 향해 무차별 공세를 펼친다. 사탄의 공격을 막는 데 믿음의 방패가 필요한 이유는 두 가지다.

첫째, 믿음은 사탄의 책략을 간파하도록 도와준다. 윌리엄 거널은 "믿음은 꿰뚫어 보는 눈을 가지고 있다…믿음은 죄가 화려한 옷으로 치장하고 무대 위에 모습을 드러내기 전에 감각의 휘장 뒤에 가려진 그 실체를 정확하게 꿰뚫어 본다."고 말했다.[3] 믿음은 죄의 위장에 속지 않고, 그 추악함과 사악함을 옳게 감지한다.

둘째, 믿음은 사탄과 우리 사이에 그리스도가 개입하시도록 허용한다. 믿음의 방패를 덮고 있는 불연성 물질은 다름 아닌 그리스도의 보혈이다. 그리스도의 보혈과 의가 사탄과 우리 사이에 개입해 사탄의 불화살 공격으로부터 우리를 보호한다.

사탄과 싸울 때 우리가 저지르는 가장 큰 실수는 믿음의 방패를 쳐드는 것을 망각하는 것이다. 우리가 신자라면 믿음의 방패를 높이 쳐들고, 그리스도의 뒤에 숨어야 한다. 그분이 우리를 위해 사탄의 공격을 막아주신다. 그분

---

3. William Gurnall, *The Christian in Complete Armour* (1864; repr., Edinburgh: Banner of Truth, 1964), 2:79.

은 이미 모든 불화살을 물리치고, 우리의 온전한 구원자가 되셨다. 그분을 신뢰하라. 그분은 결코 우리를 버리거나 떠나지 않으신다.

믿음의 방패를 한쪽으로 밀쳐내고 갑주의 빈틈에 칼을 꽂아 넣는 것이 사탄의 목표다. 그가 그렇게 하도록 놔두어서는 안 된다. 믿음의 삶을 통해 우리의 방패를 소중하게 다루어야 한다. 그리스도의 인격을 의지하라. 와서 보고, 듣고, 믿고, 붙잡고, 알고, 받아들이고, 기뻐하고, 사랑하고, 그리스도 안에서 승리하라. 자신의 모든 것을 내려놓고 믿음으로 그리스도를 붙잡으라. 반지의 작은 갈고리들이 다이아몬드를 단단히 붙잡고 있는 것처럼 그리스도를 굳게 붙잡으라. 그분의 약속을 의지하라. 믿음은 그리스도를 영화롭게 하고, 우리를 견고하게 하며, 위로를 주고, 우리를 유용하게 만든다. 믿음은 사탄의 패배를 보장한다. 바운즈는 "지금까지 지옥의 가장 뛰어난 전략가가 계획한 그 어떤 전쟁도 믿음을 이긴 적이 없었다. 지옥의 무서운 불화살들이 믿음의 방패에 부딪히는 순간, 아무런

해도 끼치지 못한 채 모조리 땅에 떨어졌다."고 말했다.[4]

　믿음의 방패를 사용하지 못하면, 즉 불신앙에 사로잡히면 치명적인 패배는 아니더라도 매우 심각한 위험에 처할 것이 분명하다. 불신앙은 우리를 욕되게 하고, 연약하게 하며, 우리의 위로를 빼앗고, 우리의 유용성을 약화시킨다. 의심을 버리고, 불신을 물리치라. 일상의 삶 속에서 욕망에 이끌리지 말고, 믿음의 방패로 사탄을 대적하라. 항상 주님을 신뢰하라. 지옥의 유혹에 견디지 못하는 믿음으로는 하늘의 상급을 받을 수 없다는 것을 명심하라.

구원의 투구

"구원의 투구를 가지라"(엡 6:17). 구원의 투구는 중요한 장비다. 군인의 몸이 아무리 잘 보호되었더라도 머리가 노출되어 있으면 생존 가능성이 최소화된다. 군인은 투구를 써

---

4. E. M. Bounds, *Satan: His Personality, Power, and Overthrow* (Grand Rapids: Baker, 1972), 152.

야 한다.

전투 중에 적이 발견되면 군인들은 즉시 각자 제 위치에서 전투 준비를 하라는 명령을 받는다. 군인들이 자세를 잡고 총을 겨누면서 가장 먼저 하는 일은 금속 헬멧을 착용해 적의 유탄이나 파편으로부터 자신을 보호하는 것이다.

바울 당시의 로마 군대는 가죽 위에 금속판을 덧댄 형태의 투구를 사용했다. 투구의 꼭대기에는 깃털 장식이 달려 있었다. 데살로니가전서 5장 8절은 이 투구를 "구원의 소망"으로 일컬었다.

낙심을 부추기는 것은 사탄이 흔히 사용하는 책략 가운데 하나다. 사탄은 그리스도인들이 자기와 오랫동안 싸우고 있지만 아무런 진척이 없다며 낙심하기를 바란다. 그리스도인들은 매일 죄를 짓는 자신을 보며 싸움을 계속해봤자 아무 소용이 없을 것처럼 느낀다. 그들은 "죄와 싸워봤자 아무 소용이 없네. 거룩하게 살려고 애써도 아무런 가망이 없어. 하나님을 섬겨봤자 아무 소용이 없어."라고 자조한다.

사탄은 그리스도인들을 그리스도의 군대를 떠난 탈영

병으로 만들려고 열심히 노력한다. 이 불화살을 막을 수 있는 방책은 미래의 구원을 바라는 소망뿐이다. 로마서 8장은 이를 "영광의 소망"으로 일컫는다. 과거의 구원은 칭의이고, 현재의 구원은 성화이며, 미래의 구원은 영화다. 바울은 여기에서 영화를 염두에 두고 말했다.

사탄이 죄와의 싸움을 포기하도록 부추길 때는 바울이 말한 대로 소망의 투구를 써야 한다. 우리가 구원받았고, 구원받고 있으며, 구원받을 것이라는 사실을 믿으라. 우리의 유일한 소망이요, 어제나 오늘이나 영원토록 동일하신 예수 그리스도를 붙잡으라(딤전 1:1). 우리는 그리스도의 부활로 새롭게 거듭나 산 소망을 갖게 되었고(벧전 1:3-4), 그 소망은 성령의 능력을 통해 더욱 풍성하게 넘칠 것이다(롬 15:13).

이 풍성한 소망의 목표 가운데 하나는 하나님 나라에서 누리는 궁극적인 축복이다(행 2:26; 딛 1:2). 소망이 있으면 즐거운 마음으로 하나님을 신뢰하고(롬 8:28), 환난 가운데서 인내하며(롬 5:3), 끈기 있게 기도할 수 있다. 소망은 선하고, 복되고, 영광스러우며(살후 2:16; 딛 2:13; 골 1:27), 실제적인 의를 기대한다(갈 5:5). 소망은 영혼의 닻이 되어 그리스도 안에 나타난 하나님의 신실하심을 굳게 붙잡도록 이끈다(히 3:6, 6:18-19).

그리스도인들의 앞에는 놀라운 미래가 기다리고 있다. 그 무엇도 우리에게서 구원을 빼앗아갈 수 없다. 낙심하지 말고, 영광스러운 미래를 바라보라.

바울은 로마서 8장 29-30절에서 영원한 과거부터 영원한 미래까지 펼쳐진 구원의 과정을 묘사하면서 "미리 아신 자들을…영화롭게 하셨느니라"라고 과거시제를 사용해 영화를 언급했다. 바울은 하늘나라에서 있을 영화라는 미래의 사건이 마치 이미 이루어진 것처럼 말했다. 그 이유는 미래에 대한 소망과 하나님이 과거에 우리를 위해 이루신 일이 서로 떼려야 뗄 수 없는 관계를 맺고 있기 때문이다. 구원의 사슬은 끊어지지 않는다. 모든 연결 고리가 하나님이 미리 예정하신 영원한 사랑에 근거한다. 예정, 부르심, 믿음, 칭의, 성화, 영화가 모두 하나로 연결되어 있다.

사랑하는 신자들이여, 선한 소망을 가지라. 그 누구도

성부나 그리스도의 손에서 우리를 빼앗아갈 수 없다(요 10:28-29). 치열한 싸움의 와중에서 우리를 위해 모든 것을 인내하신 구원자께서 자신의 능력으로 끝까지 버틸 수 있는 소망을 우리에게 주실 것이다. 소망의 투구를 쓰면 사탄과 벌이는 모든 싸움에 대비할 수 있다. 그리스도께서 싸울 힘과 승리를 허락하실 것이다. 원수 사탄이 다가오는 것을 볼 때는 즉시 전투태세를 갖추고, 소망의 투구를 쓰라. 그것이 살아남을 수 있는 유일한 길이다.

고개를 높이 들라. 소망을 영원한 승리의 장식 깃으로 삼으라. 인자가 오실 날이 임박했다. 투구가 더 이상 필요하지 않을 날이 곧 올 것이다. 곧 싸움이 끝나고 사탄이 영원히 파멸할 것이다. 구원의 대장이신 주님과 함께 온 세상을 다스리게 될 것이다. 그리스도의 피로 하얗게 된 옷을 입고 큰 환난 가운데서 나오게 될 것이다. 하나님의 보좌 앞에 서서 하나님의 어린 양을 찬양하게 될 것이다. 어린 양이 생명의 물가로 우리를 인도하고, 우리는 영원히 그분의 미소 띤 얼굴을 바라보며, 그분의 영광과 임재를 마음껏 누리게 될 것이다. 그리스도와의 교제가 천국의 본

질이라는 사실을 깨닫고, 그분을 알고, 보고, 사랑하고, 찬양하고, 영화롭게 하고, 영원히 즐거워할 것이다.

당신은 예수 그리스도 안에 소망을 두는가? 사람은 예외 없이 무언가에 소망을 두기 마련이다. 소망이 없이는 살 수 없다. 그러나 그 소망이 참된 그리스도인의 확실한 소망인지 살펴봐야 한다. 소망이 풍성한가? 하늘의 소망을 종종 생각하는가? 하늘나라가 희미하게 보인다면 사탄을 힘껏 대적할 수 없다. 소망의 투구를 써야만 머리에 가해지는 공격으로부터 안전할 수 있다. 그래야만 낙심을 부추기는 마귀의 공격을 물리칠 수 있다.

질문

1. 마귀보다 더 똑똑하려고 하는 것이 어리석은 이유는 무엇일까? 만일 그렇게 하려고 한다면 어떤 일이 벌어질까?

2. 하나님의 전신 갑주(엡 6:10-20) 가운데서 "진리로 허리띠를 띠고"라는 것은 무슨 의미인가? 사탄을 대적할 때 진리를 아는 것이 그토록 중요한 이유는 무엇인

가?

3. "의의 호심경"이란 무엇인가? 그것은 어떻게 착용하는 것인가?

4. "평안의 복음"은 어떤 식으로 좋은 신발처럼 기능하는가?

5. 믿음은 어떤 식으로 "방패"처럼 기능하는가? 사탄이 우리에게 날리는 "불화살"에 대해 구체적인 사례들을 들어 말해보라. 그런 상황에서 믿음으로 대응하려면 어떻게 해야 하는가?

4장
강력한 공격 수단을 활용하라

"성령의 검 곧 하나님의 말씀을 가지라 모든 기도와 간구를 하
되 항상 성령 안에서 기도하고 이를 위하여 깨어 구하기를 항
상 힘쓰며 여러 성도를 위하여 구하라"(엡 6:17-18).

2002년 1월, 동유럽의 한 나라에서 구원의 교리에 관한
강연을 마치고 집으로 돌아온 나는 두 남자의 습격을 받았
다. 그들은 "우리는 마피아다. 마피아!"라고 줄곧 외치면서
나를 쳐서 넘어뜨리고 줄로 묶고 재갈을 물린 다음, 칼을
내 등에 대고 위아래로 움직였다. 하나님은 은혜롭게도 내
생명을 보전해주셨고 내가 곤욕을 치렀던 45분 동안 그분
의 말씀으로 큰 위로를 베풀어 주셨지만, 익히 짐작하는 대
로 나로서는 내가 죽은 목숨이라는 생각만 들 뿐이었다.

그러나 마피아가 항상 그렇게 노골적이고 소란스럽게 사람을 공격하는 것은 아니다. 오히려 그들은 사탄처럼 위장된 조직을 통해 은밀히 활동할 때가 많다. 마피아 두목의 집 주소를 아는 사람이 있는가? 양복을 버젓이 차려입고, 겉보기에 합법적으로 보이는 사업 활동을 하는 그들의 정체를 알아볼 수 있는가? 우리가 아는 대로, 마피아는 돈세탁과 다양한 방식의 매춘 사업과 온갖 범죄를 저지르지만 그들을 정확하게 찾아내기는 매우 어렵다. 언젠가 신문 기사에서 마피아 두목 중 한 사람이 열 가지가 넘는 죄목으로 기소되었는데도 너무나도 교활한 나머지 배심원의 무죄 선고를 받고 석방되었다는 이야기를 읽어본 적이 있다.

사탄이 이끄는 영적 마피아가 사람들과 나라들을 통제한다. 그들의 활동은 소란스럽고 노골적일 때도 있지만 대개는 위장된 상태로 은밀히 진행된다. 사탄의 공격으로부터 우리를 보호할 뿐 아니라 공격적으로 그를 찾아내 하나님의 능력으로 공세를 펼치려면 많은 지혜와 힘이 필요하다. 바울은 에베소서 6장 17-18절에서 그 방법을 가르쳐

줄 뿐 아니라 우리의 구원자이신 주님의 주적인 사탄을 대적할 때 사용할 수 있는 강력한 무기 세 가지를 제시했다.

성령의 검

성령의 검, 곧 하나님의 말씀(엡 6:17)은 사탄과 싸울 때 사용하는 독특한 전투 장비에 해당한다. 이것은 적을 격퇴시킬 수도 있고, 공격할 수도 있는 무기다. 하나님은 자신의 말씀을 좌우에 날선 검으로 사용하심으로써 말씀을 존귀하게 하신다(히 4:12). 하나님의 "감동으로" 기록된 말씀의 저자이신 성령께서는 우리에게 말씀을 해석하고 사용할 수 있는 능력을 주신다.

첫째, 성령의 검은 사탄의 공격을 막아준다. 이 점과 관련해 예수님이 친히 본을 보여주셨다. 그분은 광야에서 사탄이 유혹의 말을 할 때마다 "기록되었으되"라는 말씀으로 그것을 물리치셨다(마 4:1-11). 예수님이 인용하신 성경 말씀은 사탄의 심장을 칼처럼 예리하게 파고들었다. 우리도 사탄에게 그렇게 대응해야 한다. 맨손으로 사탄과 그의 유혹을 물리치기는 불가능하다. 성령의 검을 손에 들고 싸워야 한다.

사탄은 믿음으로 성경의 약속을 제시하는 신자를 이길 수 없다. 믿음은 하나님의 약속을 신뢰한다. 사탄이 "너는 언젠가 내 손에 처단되고 말 것이다."라고 말하면, 믿음은 "절대 그럴 리 없다."라고 말하면서 말씀의 검을 높이 쳐들고 "내 안에서 착한 일을 시작하신 하나님이 예수 그리스도의 날까지 이루실 줄을 확신한다."라고 외친다(빌 1:6 참조). 사탄이 "네 죄는 너무나도 크다."라고 의심을 부추길 때면, 믿음은 "예수님은 자기를 힘입어 하나님께 나아가는 자들을 온전히 구원하실 수 있다."고 말하며 대응한다(히 7:25). 하나님은 말씀으로 사탄의 모든 창날을 막아줄 확실한 방어책을 제공하신다. 칼빈은 "하나님의 말씀을 온전히 지키는 것만이 그(사탄)를 제압할 수 있는 유일한 방법이다."라고 말했다.[1]

둘째, 성령의 검은 사탄을 물리치는 공격용 무기다. 우

---

1. Calvin, *Sermons on Galatians*, 51.

리는 그리스도 안에서 피난처를 찾음으로써, 곧 무너지지 않을 방어책을 구축함으로써 사탄과 맞서 싸울 뿐 아니라 그에게 공격을 가함으로써 그를 대적한다. 성령의 검, 곧 하나님의 말씀은 사탄을 대적하는 데 필요한 명확한 지침과 강력한 동기와 풍성한 격려와 교훈적인 사례들을 제시한다.

사람은 떡으로만 살아서는 안 되고, 하나님의 모든 말씀으로 살아야 한다. 당신은 말씀을 매일 배우고 암기함으로써 성경에 익숙해져야 한다. 그렇게 하면 손에 들고 있는 하나님의 검을 날카롭게 유지할 수 있다. 날마다 성경의 진리를 실천함으로써 말씀의 검을 반짝반짝하게 닦아 놓아야 한다. 항상 기도함으로써 말씀의 검을 언제든 사용할 수 있게 준비해야 한다. 성경의 진리를 힘써 외치고 증언해야 한다. 말씀의 빛으로 어두운 세상을 비춰 구석구석을 환하게 밝혀야 한다.

사탄을 향해 말씀의 검을 휘두를 수 있는 성령의 지혜를 구하라. 성령께서는 말씀의 궁극적인 저자이자 해석자이시다. 따라서 그분의 지혜를 구해야 한다. 성령께서는 우리의 생각을 깨우쳐 말씀을 이해하도록 돕기를 기뻐하신다. 그분은 우리에게 말씀을 사탄에 대항하는 검으로 사용하는 방법을 가르쳐주신다.

성경은 영적으로 눈먼 자들에게는 오류로 가득한 보통의 책과 조금도 다르지 않을 것이다. 그러나 성령의 손에 들린 성경은 초자연적인 능력을 발휘한다. 히브리서 4장 12절은 "하나님의 말씀은 살아 있고 활력이 있어 좌우에 날선 어떤 검보다도 예리하여 혼과 영과 및 관절과 골수를 찔러 쪼개기까지 하며"라고 말한다. 사탄의 공격에 대해 하나님의 말씀을 능숙하게 사용해 맞서면, 그는 성령의 검이 자신의 관절과 골수를 찔러 자신의 가장 영리한 계책과 힘이 무력화되는 느낌을 받을 것이다.

성령을 의지하면서 성경의 검을 사용해 사탄에게 대항하고, 그를 공격하고, 그에게 달려들어 패퇴시키라. 하나님의 말씀을 신뢰하라. 하나님의 말씀은 사탄과의 싸움이 치열한 상황에서도 우리를 결코 실망시키지 않는다. 번연은 "크리스천"이 "굴욕의 골짜기"에서 아볼루온과 맞서 싸웠던 이야기를 다음과 같이 감동적으로 묘사했다.

아볼루온은 마지막 일격을 가해 이 선한 사람을 완전히 끝장내려고 했지만 크리스천은 다행히도 하나님의 도우심 덕분에 민첩하게 손을 내밀어 자신의 검을 움켜쥐고, "나의 대적이여 나로 말미암아 기뻐하지 말지어다. 나는 엎드러질지라도 일어날 것이요."라고 외쳤다. 그 말과 함께 치명적인 공격을 가하니 아볼루온은 심한 상처를 입고 움츠러들었다. 그런 사실을 눈치챈 크리스천은 "이 모든 일에 우리를 사랑하시는 이로 말미암아 우리가 넉넉히 이기느니라"라고 외치면서 다시 공격을 가했다. 그러자 아볼루온은 용의 날개를 펼치고 신속하게 도망쳤다.[2]

성령 안에서의 기도

"모든 기도와 간구를 하되 항상 성령 안에서 기도하고"(엡 6:18). 기도는 사탄을 상대하는 데 필요한 두 번째 공격용 무기다. 루터는 "기도는 교회의 강한 성벽이요 요새다. 기

---

2. Bunyan, *Pilgrim's Progress*, in *Works*, 3:113.

도는 경건한 그리스도인의 무기다."라고 말했다.[3] 기도는 하나님의 전신 갑주 가운데 가장 위력적인 무기다.

기도가 그토록 중요한 이유는 기도가 없으면 전신 갑주의 모든 장비가 무용지물이 되기 때문이다. 기도는 윤활유와 같다. 윤활유가 없으면 엔진의 모든 부품이 제대로 기능하지 못하는 것처럼, 기도가 없으면 그리스도인의 싸움에 필요한 모든 장비가 제대로 작동할 수 없다. 기도 없이 사탄과 싸우는 것은 다윗이 사울의 갑옷을 입고 골리앗과 싸우는 것과 같다. 그런 갑옷은 몸에 맞지 않기 때문에 적의 공격을 효과적으로 물리칠 수 없다.

바울은 기도로 사탄과 맞서 싸우라고 권고하면서 네 가지 지침을 제시했다. 첫째, 항상 기도해야 한다. 오래전에 목회자들 몇 명이 스코틀랜드 고지에 모여 "쉬지 않고 기도하는 것"(살전 5:17)이 무슨 의미인지를 논의했다. 상당한 논의가 오간 후에 목회자 한 사람이 한 하녀에게 무슨 의미인지 알겠냐고 물었다.

---

3. Luther, *Table Talk*, 156.

그녀는 이렇게 대답했다. "네, 물론입니다. 오늘 아침 잠자리에서 일어나서는 공의로운 태양이 떠올라 제게 치료하는 광선을 비추게 해달라고 기도했고, 옷을 입으면서는 그리스도의 의를 옷 입게 해달라고 기도했으며, 목사님이 도착하시기 전에 이 방에 있는 가구들의 먼지를 털면서는 예수님의 보혈로 제 마음을 깨끗하게 씻어 달라고 기도했고, 목사님이 드실 다과를 준비할 때는 예수 그리스도께서 저의 양식과 음료가 되어주시기를 기도했습니다. 목사님, 저는 매일 제 삶을 위해 기도합니다. 그 이유는 기도가 저의 호흡, 곧 저의 생명이기 때문입니다."

쉬지 않고 기도한다는 것은 하루를 사는 동안 틈틈이 짧은 간구를 드리고, 또 정해진 때나 필요한 상황에서 기도를 드리는 것을 의미한다. 그렇게 하려면 정해진 시간에 기도하는 것은 물론이고, 기도할 마음이 가장 적게 느껴질 때도 기도에 힘써야 한다. 기도는 우리가 하는 그 어떤 일보다 더 중요하다. 스펄전은 "기도는 어쩌다가 한 번 하는 일이 아닌 하루의 일과, 곧 우리의 습관과 소명이 되어야

한다…우리는 기도에 중독되어야 한다."라고 말했다.[4]

둘째, 기도prayer와 간구supplication를 드려야 한다. 바울은 에베소서 6장 18절에서 똑같은 말을 반복하는 것처럼 보인다. 그러나 사실은 그렇지 않다. 바울의 말은 "진심에서 우러나온 간절한 기도를 드려라. 진정 어린 참된 기도를 드려라."라는 의미를 담고 있다. 불행히도 우리는 기도의 무기를 옳게 사용하지 못할 때가 많다. 우리의 믿음 없는 기도는 사탄을 꾸벅꾸벅 졸게 만든다.

킹 제임스 번역본은 야고보서 5장 17절을 번역하면서 난외주에 엘리야가 "자신의 기도로 기도를 드렸다"라는 설명을 덧붙였다. 이 말은 그가 마음을 다해 진정으로 기도했다는 뜻이다. 새뮤얼 러더포드는 기도할 때의 마음 상태가 기도의 말보다 더 중요하다고 말했다. 그는 말 못 하는 걸인이 입으로 한마디도 할 수 없었지만 바로 그 사실 때문에 그리스도의 긍휼을 얻었다고 말했다. "성부께서는

---

4. Charles H. Spurgeon, *Morning and Evening: Daily Readings* (Grand Rapids: Zondervan, 1955), 31.

눈물에 담겨 있는 말과 언어와 문법을 잘 알고 계신다."[5] 번연도 "기도할 때 마음이 실리지 않은 말을 하기보다는 차라리 말없이 마음을 쏟아 내라."고 말했다.[6]

셋째, 모든 기도로 기도해야 한다. 이것은 하나님이 우리의 모든 길을 인도하실 것이라고 믿고, 범사에 그분을 인정하면서 기도하는 것을 의미한다(잠 3:5-6). 크든 작든 필요한 것을 모두 하나님께 아뢰어야 한다. 하나님이 모든 것을 알고 계신다는 것을 알지만, 마치 그분이 우리에 관해 아무것도 모르고 계시는 것처럼 생각하고 우리의 모든 것을 그분께 고해야 한다. 작은 일이든 큰 일이든 사탄과의 싸움에서 승리하려면 모든 것을 채워주시는 하나님의 손에 우리 자신과 우리의 필요를 모두 맡겨야 한다.

마지막으로, 성령 안에서 기도해야 한다. 로마서 8장 26절은 성령께서 우리의 연약함을 도와 말할 수 없는 탄식으로 우리를 위해 친히 기도하신다고 말한다. 성령께서는 우

---

5. Samuel Rutherford, *The Trial and Triumph of Faith* (Edinburgh: The Assembly's Committee, 1845), 68.

6. John Bunyan, "Dying Sayings," in *Works*, 1:65.

리가 하나님께 너무나도 큰 빚을 지고 있고, 또 우리가 본 질상 말할 수 없이 비참한 존재라는 사실을 일깨워주신다. 그분은 또한 우리가 하나님과 그리스도와 복된 것을 생각하며 구원의 길을 걷도록 도와주신다. 그분은 우리에게 믿음을 주고, 우리의 필요와 생각을 기도로 아뢰도록 인도하며, 위선과 냉랭함을 비롯해 악한 모든 것으로부터 우리를 지켜주신다.

성령께서 어떻게 그런 일을 하시는지 구체적으로 설명하면 다음과 같다. 한 작은 소년이 아버지에게 배를 조종하는 법을 배우고 있었다. 소년이 배를 조종할 때 아버지가 그의 뒤에 바로 서 있었다. 아버지는 자기가 아들을 도와주지 않으면 배가 바위에 충돌하거나 급류에 휩쓸릴 수 있다는 것을 알고 있었다. 그러나 아버지는 아들을 한쪽으로 밀어내지 않았다. 아버지는 아들에게 조종 키를 맡기는 것이 더 낫다고 생각하고, 아들 쪽으로 몸을 기울여 그의 손 위에 자신의 손을 올려놓고, 키를 잡은 그의 손을 이리저리 인도했다. 아버지의 인도 덕분에 아들은 배를 무사히 잘 조종할 수 있었다.

친구들이여, 우리도 성령께서 우리의 마음을 붙들고, 우리의 생각을 인도하며, 그분이 우리를 위해 정해 놓은 길로 우리를 이끄실 때 가장 잘 기도할 수 있다. 소년이 스스로 배를 잘 조종할 수 없었던 것처럼 우리도 성령의 도우심이 없으면 올바로 기도할 수 없다. 성령을 신뢰하고, 항상 성령 충만하려고 힘써야 한다(엡 5:18).

마틴 로이드 존스는 "우리의 신앙생활 가운데 기도보다 더 어려운 것은 없다."고 말했다.[7] 사탄을 물리치기 위해 성령 안에서 기도하기를 원한다면 아래의 지침을 따르라.

- **그리스도를 의지하라.** 모든 기도는 그분 안에서 효력을 발휘한다.
- **기도를 우선시하라.** 번연은 "기도한 후에는 기도 외에 다른 일들을 할 수 있지만 기도하기 전에는 기도 외에 다른 일들을 할 수 없다."고 말했다.[8]

---

7. D. Martyn Lloyd-Jones, *Studies in the Sermon on the Mount* (Grand Rapids: Eerdmans, 1976), 322.

8. I. D. E. Thomas, comp., *The Golden Treasury of Puritan Quotations*

• **기도의 은혜로움을 발견하라.** 내가 아홉 살이었을 때 아버지는 내게 "참 신자는 항상 가야 할 곳이 있는데 그곳은 바로 은혜의 보좌란다. 기도는 하나님께 나아가게 만드는 그분의 선물이다. 그분은 기도를 허락하시고, 기도를 들으시고, 기도에 응답하신단다."라고 말했다.

윌리엄 브리지는 "비록 내가 구한 은혜를 받지 못하더라도 기도하는 것, 그 자체가 곧 은혜다. 기도할 때 하나님은 우리에게 내려오시고, 우리는 그분께로 올라간다."라고 말했다.[9] 조지프 홀도 "선한 기도는 결코 거절당하지 않는다. 확신하건대 내가 구하는 것을 받거나, 아니면 내가 구해야 할 것을 받거나 둘 중 하나다."라고 말했다.[10]

(Chicago: Moody, 1975), 210.

9. William Bridge, *A Lifting Up for the Downcast*, in *The Works of the Rev. William Bridge* (London: Thomas Tegg, 1845), 2:51.

10. Joseph Hall, *Meditations and Vows*, 49, in *The Works of The Right Reverend Father in God, Joseph Hall*, ed. Josiah Pratt (London: C. Wittingham, for Williams and Smith, et al., 1808), 6:13.

- **하나님의 약속을 말하라.** 하나님은 자신의 말에 민감하게 반응하신다. 하나님의 말씀을 그대로 믿으라. 그러면 효율적인 기도를 드릴 수 있게 도와주실 것이다.

사탄이 우리의 기도가 생명력과 활력이 없다는 것을 알고 흡족해한다면 기도로 그를 대적하기가 불가능할 것이다. 우리는 번연이 "모든 기도"라고 말한 무기를 사용해야 한다.[11] 인간은 인간이고 하나님은 하나님이시라는 사실을 믿는다면, 인내하며 진정 어린 기도를 드려야 한다.

깨어 구하기를 항상 힘쓰라

"이를 위하여 깨어 구하기를 항상 힘쓰며 여러 성도를 위하여 구하라"(엡 6:18). 진정한 군인은 자신의 위치를 잘 지켜야 한다. 그러려면 경계를 늦추지 말고, 항상 깨어 있어

---

11. Bunyan, *Pilgrim's Progress*, in *Works*, 3:115.

야 한다. 그와 마찬가지로 그리스도의 군사도 사탄의 공격을 물리치려면 항상 깨어 기도해야 한다.

바울이 기도와 깨어 있음을 함께 언급한 이유는 이 둘이 서로 분리될 수 없기 때문이다. 하루의 일과가 무기력하게 진행될 때가 많은 이유는 진정 어린 기도로 하루를 시작하지 않았기 때문이고, 저녁에 잠자리에 들 때 기도를 게을리하게 되는 이유는 하루를 살면서 깨어 경성하지 못했기 때문이다. 예수님도 "깨어 기도하라"(마 26:41)고 말씀하셨다.

마귀는 깨어 있지 못한 그리스도인들과 함께 일하기를 좋아한다. 어리석은 처녀들이 신랑을 맞이하지 못한 이유는 그들의 등불에 기름이 떨어졌기 때문이다. 번연의《천로역정》에 등장하는 "크리스천"이 구원의 확신을 상징하는 두루마리를 잃어버린 이유는 잠이 들었기 때문이었다.[12]

깨어 기도해야만 사탄을 물리칠 수 있다. 사탄을 물리치려면 아래의 방법을 따라야 한다.

---

12. Bunyan, *Pilgrim's Progress*, in *Works*, 3:105.

- **늘 의식하며 기도하라.** 우리의 마음속과 가정과 가족들 사이에서 일어나고 있는 일들을 늘 의식해야 하고, 교회와 하나님의 자녀들이 무엇을 필요로 하는지를 알아야 한다. 또한 우리가 사는 지역사회와 국가의 필요는 물론, 정부와 세상에서 어떤 일들이 벌어지고 있는지를 알아야 한다. 우리의 의식을 최대한 넓혀 중보 기도의 제목을 더 많이 파악해야 한다.

- **다른 사람들을 위해 기도하라.** 바울이 에베소서 6장 19-20절에서 당부한 대로 사역자들과 복음의 진보를 위해 기도해야 한다. 또한 "여러 성도를 위하여 구해야 한다"(엡 6:18). 진정 어린 중보 기도를 드리지 않으면 그리스도를 닮을 수 없다. 토마스 요한 바흐는 "발로 직접 선교 현장에 갈 수 없는 사람들이 대다수지만 무릎으로는 누구든 그곳에 갈 수 있다."고 말했다.[13] 중보 기도는 사탄이 기뻐하는 이기심으로부터

---

13. Cited in Curtis C. Thomas, *Practical Wisdom for Pastors: Words of Encouragement and Counsel for a Lifetime of Ministry* (Wheaton, Ill.: Crossway, 2001), 182.

우리를 구해준다. 중보 기도는 이기심을 버리고 기쁨으로 사역에 참여하도록 이끌며, 사탄을 물리칠 수 있는 능력을 제공한다.

- **인내로 기도하라.** 사냥꾼처럼 기도하라. 목표물을 잡을 때까지 추적하라. "포기하지 아니하면 때가 이르매 거두리라"(갈 6:9)라는 말씀을 기억하고, 늘 깨어 전진하라. 하나님의 은혜의 문을 계속해서 두들기라. 실망한 영업사원처럼 단지 한 번만 두들기고 나서 돌아서지 말라. 번연의 《천로역정》에 나오는 '은혜 씨'처럼 하라. 그녀는 하나님이 응답하실 때까지 기진맥진한 상태에서도 끝까지 문을 두드렸다.[14] 하나님의 응답을 구하라. 그분께 등을 돌리지 말라.

- **모든 일에 깨어 있으라.** 이것은 바울이 디모데에게 당부한 것이다(딤후 4:5). "주의 이름을 부르는 자마다 불의에서 떠날지어다"(딤후 2:19)라는 명령에 복종하라. 바운즈는 이렇게 말했다. "'깨어 있는 것'만이 안

---

14. Bunyan, *Pilgrim's Progress*, in *Works*, 3:179 – 80.

전의 비결이다⋯우리는 사탄의 형체가 눈에 보이고, 그의 존재가 두렵게 느껴질 때만이 아니라 그가 보이지 않을 때도 눈을 항상 크게 뜨고, 그가 수천 가지의 모습이나 위장술 가운데 한 가지를 택해 나타나더라도 즉각 격퇴할 수 있어야 한다. 이것이 안전하고 지혜로운 길이다."[15]

예수님을 위해 일어나라

바울이 에베소서 6장 14-18절에서 말한 대로, 전신 갑주를 차려입은 군인상은 사탄을 대적하는 방법을 포괄적으로 묘사한다. "마귀는 우리에게 무기를 다루는 법을 가르치기 위해 하나님이 보내신 검술의 대가일 뿐이다."라는 새뮤얼 러더포드의 말을 마음에 새기고, 성령과 그리스도의 능력을 의지하며 날마다 기도하면서 전신 갑주의 모든

---

15. Bounds, *Satan*, 144.

장비를 활용하라.[16] 하나님의 무기 가운데 어느 하나라도 한쪽 구석에 처박아 두어서는 안 된다. 하나님이 도와주실 것을 믿으라. 스스로의 지혜를 의지하지 말라. 칼빈은 "우리의 지혜를 믿고 사탄과 싸운다면 그는 우리보다 수백 배나 뛰어난 지혜로 우리를 압도할 것이며, 우리는 그를 결코 대적할 수 없을 것이다."라고 경고했다.[17]

이사야가 구약성경에서 말한 대로 그리스도께서는 친히 에베소서 6장의 전신 갑주를 차려입으셨다. 이 점을 잊지 말고 그리스도를 바라보라. 데이비드 포울리슨은 이렇게 말했다.

> 메시아는 공의로 그의 허리 띠를 삼고, 하나님을 경외하며, 성령의 능력과 지혜로 행하신다(사 11:5). 주 하나님은 의의 호심경을 착용하고 자기 백성을 죄의 속박에서 구원하신

---

16. *Letters of Samuel Rutherford*, ed. Andrew A. Bonar (1891; repr., Edinburgh: Banner of Truth, 1984), 290,

17. John Calvin, *Commentaries on the Twelve Minor Prophets*, trans. John Owen (Grand Rapids: Baker, 2003), 4:58 (Hab. 2:1).

다(59:17). 주님은 신을 신고 와서 죄와 심판에 사로잡힌 사람들에게 평화의 좋은 소식을 전하신다(52:7). 주님은 우리의 믿음을 적들로부터 보호해주는 방패가 되신다. 주님은 구원의 투구를 쓰고 죄의 권세로부터 우리를 구원하고, 우리에게 성령과 말씀을 허락하신다(59:17). 성령의 검은 하나님의 말씀이다. 이 검이 메시아, 곧 "나라들을 어둠의 권세로부터 구원하실" 종에게서 나온다(49:2). 기도는 하나님을 의지하는 것이기에 이 모든 일이 일어나게 만든다.[18]

그리스도를 믿는 신자들이여, 영적 싸움을 그리스도의 손에 맡기라. 사탄과의 전쟁이 궁극적으로 우리가 아닌 그리스도께 속한 것이라는 사실을 잊지 말라(대하 20:15). 예수 그리스도께서는 이 세상의 임금과의 전쟁에서 결코 패하지 않으신다. 우리는 그분의 몸인 교회의 일부다. 그분은 자신의 신부를 포기하지 않으신다.

군사들이여, 용기를 내라. 우리에게 주어지는 위로는 풍

---

18. Powlison, *Power Encounters*, 114.

성하다. 우리는 견고한 위치, 곧 그리스도 안에 있다. 우리는 필요한 장비, 곧 하나님의 전신 갑주를 모두 갖추고 있다. 무적의 전사, 곧 다윗을 가르치고 인도하셨던 성령께서 우리를 도와주신다(시 18편, 144편). 스티븐 챠녹은 주님이 "우리를 파괴하기를 원하는 마귀를 우리를 더욱 강하게 만드는 수단으로 만드신다."라고 말했다.[19] 악한 날에 도움의 약속이 주어졌고, 마지막 날에 승리가 보장되었다. 우리는 승리하는 편에 속해 있다. 윌리엄 거널은 "하나님은 마귀를 이용해 마귀를 잡으신다."라고 말했다.[20] 사탄과의 전초전에서 잠시 패배할 수는 있지만, 궁극적으로는 그리스도 예수를 통해 승리할 것이다.

    십자가 군병들아 주 위해 일어나
    이 날에 접전하고 곧 개가 부르라.

---

19. Stephen Charnock, *Discourse on the Existence and Attributes of God*, in *The Complete Works of Stephen Charnock* (Edinburgh: James Nichol, 1864), 2:364.

20. Gurnall, *Christian in Complete Armour*, 1:102.

승전한 군사들은 영생을 얻으며

영광의 주와 함께 왕 노릇 하리라.[21]

청교도의 기도를 그대로 따라 해보자.

오, 주님의 약속은 향기롭나이다.

주님이 만져주실 때마다 생기가 솟아납니다.

주님의 지친 전사에게 가까이 다가오셔서

저를 새롭게 하사 다시 일어나 싸우게 하시고,

나의 원수를 짓밟을 때까지 지치지 않게 하소서.

주님과의 교제를 허락하시어

사탄과 불신앙과 육신과 세상을 대적하게 하소서…

주님의 변하지 않는 영원한 사랑과 작정 안에 놓여 있는

영원한 샘물을 한 모금 허락하소서.

제 손이 약해지지 않고, 제 발이 비틀거리지 않고,

제 칼이 쉬지 않고, 제 방패가 녹슬지 않고,

---

21. George Duffield, "Stand Up, Stand Up for Jesus," stanza 3.

제 투구가 부수어지지 않고, 제 호심경이 깨지지 않도록 주님의 큰 권능을 의지하게 하소서.[22]

질문

1. 하나님의 말씀을 사탄의 공격을 방어하는 무기로 사용하려면 어떻게 해야 하는가? 하나님의 말씀을 마귀를 공격하는 무기로 사용하려면 어떻게 해야 하는가?

2. 스코틀랜드의 하녀를 통해 쉬지 않는 기도에 관해 어떤 교훈을 배웠는가?

3. 기도 생활을 잘하려면 어떻게 해야 하는가? 기도 생활을 잘하기 위해 이번 주에 구체적으로 적용할 수 있는 방법들이 있다면 무엇인가?

4. 새신자에게 영적 깨어 있음에 대해 가르칠 때, 어떤 실천적인 조언을 하겠는가? 그 조언을 당신 스스로 지키려면 어떻게 해야 하는가?

---

22. Arthur Bennett, ed., *The Valley of Vision: A Collection of Puritan Prayers and Devotions* (Edinburgh: Banner of Truth Trust, 1975), 181.

5. 영적 싸움을 할 때 그리스도를 바라보면 어떤 위로와
   격려를 받을 수 있는가?

Part 3

사탄의 전략을 파악하기 :
사탄의 책략과 그 대처 방법

5장
사탄의 전략과 기술

고대 헬라인들은 큰 목마에 군인들을 숨겨 트로이에 침투함으로써 도시 안으로 몰래 잠입해 그곳을 정복할 수 있었다. 그와 마찬가지로 사탄도 교활한 속임수를 사용해 우리를 공격한다. 우리는 그가 다가오는 때와 방법을 모른 채 느닷없이 당할 때가 많다. 우리와 하나님과의 관계가 가장 좋을 때 사탄도 가장 교묘한 전략과 책략을 구사한다. 그 이유는 사탄이 우리와 하나님 간의 참된 교제를 극도로 싫어하기 때문이다. 루터는 "하나님이 교회를 세우신 곳에 마귀도 예배당을 세운다…마귀는 하나님을 흉내 내기를 좋아한다."고 말했다.[1] 마귀는 하나님을 모방한다.

---

1. Luther, *Table Talk*, 30 – 31.

하나님과 나누는 친밀한 교제에 관해 많은 글을 쓴 청교도들은 사탄의 전략과 책략에 매우 정통했다. 그들은 자주 그리고 심도 있게 영적 전쟁을 주제로 다루었다. 3부에서는 여섯 명의 청교도가 아래의 책들을 통해 사탄의 책략과 그 대처 방법을 논의한 내용을 핵심만 추려내 현대어로 고쳐 소개할 생각이다.

- 토머스 브룩스Thomas Brooks의 《사단의 책략 물리치기》 *Precious Remedies against Satan's Devices* : 잘 알려진 고전이다.
- 리처드 길핀Richard Gilpin의 《*A Treatise On Satan's Temptations*》(사탄의 유혹) : 잘 알려진 고전이다.
- 윌리엄 스퍼스토William Spurstowe의 《*The Wiles of Satan*》 (사탄의 계략) : 부피는 작지만 매우 유익한 책이다.
- 존 다우네임John Downame의 《*The Christian Warfare*》 : 두 권으로 된 부피가 큰 책이다.
- 윌리엄 거널William Gurnall의 《그리스도인의 전신 갑주》 *The Christian in Complete Armour* : 에베소서 6장

10-20절을 상세하게 주해한 책이다.

- 토머스 굿윈Thomas Goodwin의 《어둠 속을 걷는 빛의 자녀들》A Child of Light Walking in Darkness : 영적 어둠 속에서 이루어지는 사탄의 활동을 논한 매우 유익한 내용이 이 책에서 발견된다.[2]

내가 여기에서 다루고 싶은 질문은 세 가지다. 첫째, 전략과 책략을 비롯해 다른 관련 용어들의 의미는 무엇인가? 둘째, 사탄이 우리를 유혹하는 데 그토록 능숙한 이유는 무엇인가? 셋째, 사탄의 주된 전략과 책략은 무엇이고, 하나님은 우리에게 어떤 수단들을 제공해 그것들을 대처하게 하셨는가?

---

2. 이 책들에 대한 자세한 서지 정보는 이 책의 끝에 첨부되어 있는 참고 문헌을 참고하라.

전략과 책략이라는 용어의 의미 이해하기

한때 우리 가족은 우리가 모르는 어떤 이들과 함께 살고 있는 것을 발견했다. 그것은 다름 아닌 생쥐 가족이었다. 아내와 나는 이 문제에 비교적 침착하고 합리적으로 대처하였다. 우리는 네 개의 동심원을 그렸다. 가장 바깥쪽에 있는 첫 번째 원은 우리의 목표(집에서 모든 쥐를 제거하는 것)에 해당했다. 그보다 조금 작은 두 번째 원은 우리의 전략, 또는 계획(다양한 쥐덫을 설치하는 것)에 해당했다. 우리는 집안 곳곳에 포살 쥐덫, 독약을 놓은 쥐덫, 끈끈이 쥐덫 등을 설치했다. 좀 더 안쪽에 있는 세 번째 원은 다양한 책략에 해당했다. 다시 말해, 치즈에서부터 땅콩버터에 이르기까지 다양한 미끼로 쥐들이 우리의 전략에 걸려들도록 유혹하는 것이었다. 마지막으로 가장 안쪽에 있는 네 번째 원은 처리 방법에 해당했다. 즉 포살 쥐덫에 걸려 죽은 쥐들은 밖에 내다 버리고, 끈끈이 쥐덫에 걸려 아직 살아 있는 쥐들은 밖으로 가지고 나가서 죽여 없애고(나는 벌레도 잘 죽이지 못하는 위인이라서 이 일이 가장 싫었다), 또 독에 중독되어 죽은 쥐들을 찾아내 처리하는 일이었다(아내는 이 일을 가장 싫어했다. 그녀는 죽은 쥐들이 발견되지 않은 채로 어딘가에 나뒹굴고 있을 것을 생각하면 끔찍하다고 말했다).

사탄도 우리를 생쥐처럼 다룬다. 물론, 그가 그리는 네 개의 동심원은 좀 더 복잡하다. 목표를 뜻하는 그의 가장 큰 원은 최소한 네 가지 목표를 지향한다(그런 목표들은 모두 하나님의 영광을 훼손하는 데 초점을 맞춘다). 구체적으로 말하면, (1) 하나님의 영광을 지닌 우리를 파멸시키고, (2) 하나님의 나라를 전복시키고, (3) 자신이 장악하고 있는 것을 계속 통제하고, (4) 잃어버린 영역을 재탈환하는 것이다. 이런 목표들은 이미 어느 정도 다루었기 때문에 여기에서 더 깊이 다룰 생각은 없다. 이번 장에서는 논의의 초점을 좀 더 좁히고 싶다.

가장 큰 원보다 약간 작은 두 번째 원은 사탄의 전략, 또는 계획을 나타낸다. "전략"은 전투 지휘, 즉 군대를 운영하는 기술을 의미한다. 이것은 모든 것을 포괄하는 용어이지만 전쟁이나 군사 원정을 위한 구체적인 계획이나 계책을 가리키기도 한다. 사탄에게는 포살 쥐덫, 독약을 놓은 쥐덫, 끈끈이 쥐덫 등, 사용할 계책이 많다. 여기에서는 그의 다양한 전략 가운데서 네 가지만을 자세히 살펴볼 생각이다. 사탄은 우리를 죄로 유혹하고, 우리의 영적 훈련을 방해하고, 하나님과 진리를 잘못 나타내게 하고, 우리의 성화를 가로막기 위한 전략을 사용한다.

두 번째 원보다 좀 더 안에 있는 세 번째 원은 전략과 목표를 이루기 위한 사탄의 책략devices을 가리킨다. 헬라어 "노에마"noema를 번역한 "책략"은 전투 상황에서의 매복이나 스포츠의 페인트 기술이나 논쟁에서의 궤변과 같이 상대방을 속이기 위한 행동이나 생각을 의미한다. 바울은 고린도후서 2장 11절에서 "사탄에게 속지 않도록" 간음한 사람을 다루는 방법에 대해 고린도 교회에 지침을 제시했다. 그는 고린도 신자들이 간음한 사람의 죄에 지나치게 강력히 대처함으로써 그의 진정 어린 회개까지 무시하는 잘못을 저질러 사탄이 우위를 점하게 해서는 안 된다고 경고했다. 만일 그렇게 하지 않으면 그 사람은 슬픔에 압도되어 절망할 것이고, 모두가 사탄에게 속아 넘어가는 결과가 발생할 것이었다.

이처럼 바울은 고린도 교회를 파괴하려는 사탄의 전략을 잘 알고 있었다. 사탄의 첫 번째 책략은 고린도전서에서 확인할 수 있는 대로 기강 해이를 부추겨 온갖 종류의 무질서를 야기하는 것이었다. 교회가 회개하면 사탄은 두 번째 책략을 사용해 용서가 없는 엄격한 권징을 조장했다. 사탄의 전략은 항상 동일하지만 책략은 상황에 따라 달라진다. 바울은 교회의 권징을 남용해 사탄이 전략적 목표를 달성하도록 허용해서는 안 된다고 경고했다.

"책략"의 동의어가 몇 가지 있다. 그 가운데 특히 세 가지가 중요하다. 하나는 헬라어 "메도데이아^{methodeia}"에서 비롯한 "간계^{wiles}"이다(여기에서 '방법'을 뜻하는 영어 'method'가 유래했다). 이것은 신약성경에 두 번 사용되었는데 둘 다 에베소서에 등장한다(4:14, 6:11). 이 말은 획책을 도모하는 교활하고 부정적인 방법을 의미한다. 어떤 번역본들은 에베소서 6장 11절을 "마귀의 간계^{wiles}"가 아닌 "마귀의 획책^{schemes}"으로 번역했다. 또 다른 동의어인 "술책^{stratagem}"은 계획이나 전략의 한 부분이다. 이것은 속임수를 내포하는 더러운 계교나 모략을 의미한다. 이처럼 책략, 간계, 획책, 술

책은 모두 의미가 똑같다.

마지막으로 가장 안쪽에 있는 원은 처리 방법을 뜻한다. 여기에는 내가 말한 생쥐의 비유가 더 이상 적용되지 않는다. 왜냐하면 사탄이 우리를 지옥으로 데려가 영원히 멸망시키지 못하도록 하나님이 제공하신 성경적인 대처 방법을 활용해 그를 제압해야 하기 때문이다.

우리는 이제 사탄의 전략과 책략, 그리고 그것들에 대처하는 방법에 초점을 맞춰야 한다. 윌리엄 스퍼스토는 "사탄은 책략이 풍부하다. 그는 계략으로 속이는 기술을 연구해 사람들의 영혼을 회복할 수 없는 지경까지 파괴하기 위해 쉴 새 없이 일한다."고 경고했다.[3] 군대 지휘관들이 적군의 전략과 책략을 잘 파악하는 것이 중요한 것처럼, 참된 그리스도인들도 원수인 사탄과 싸움을 하는 그의 방식을 잘 알아야 한다. 하나님이 제공하신 성경적인 대처 방법에 따라 생각하고 행동할 수 있으려면, 오늘날 사탄이

---

3. William Spurstowe, *The Wiles of Satan* (Morgan, Pa.: Soli Deo Gloria, 2004), 6.

사용하는 전략과 책략을 잘 파악해야 한다.

사탄이 사용하는 유혹의 기술

사탄의 책략을 살펴보기 전에, 먼저 "사탄이 다양한 책략
을 사용해 우리를 죄로 유혹하는 기술이 그토록 뛰어난 이
유는 무엇일까?"라는 질문을 생각해보자. 스퍼스토는 이
에 대해 여섯 가지 이유를 제시했다.

사탄은 지성적인 능력을 지닌 영적 존재다

사람들이 서로를 유혹할 때는 공공연한 행동을 통해 그
렇게 한다. 그러나 사탄은 영적 존재이기 때문에 우리의
생각에 직접적으로 영향을 미쳐 자신의 책략에 걸리도록
우리를 유혹한다. 사탄은 가룟 유다의 마음속에 들어가서
그리스도를 배신하도록 유혹할 수 있었고(요 13:2), 아나니
아의 마음속에 들어가서 성령을 속이도록 유혹할 수 있었
다(행 5:3).

사탄은 타락했지만 여전히 천사이기 때문에 우리보다

지성적으로 훨씬 더 뛰어나다. 이것이 그가 그토록 위험한 이유다. 조나단 에드워즈는 "마귀는 우주에 있는 최고의 신학교, 곧 하늘들의 하늘에서 교육을 받았다."라고 말했다.[4] 칼빈은 사탄을 "명민한 신학자"로 일컬었다.[5] 더욱이 타락한 천사인 사탄은 자신의 치명적이고 지성적인 계략을 "아름답고 눈부신 피부" 밑에 감출 수 있다. 우리는 그의 뛰어난 지성과 교활한 속임수를 의식하고 특별히 조심해야 한다. 왜냐하면 우리의 부족한 지성적 능력으로는 결코 그를 이길 수 없기 때문이다.[6]

사탄은 경험이 풍부하고, 빈틈없이 일을 처리한다

마귀는 늙었지만 쇠약하지 않다. 그의 유혹은 목표물을

---

4. Jonathan Edwards, "True Grace, Distinguished from the Experience of Devils," in *The Works of Jonathan Edwards,* vol. 25, *Sermons and Discourses, 1743–1758,* ed. Wilson H. Kimnach (New Haven, Conn.: Yale University Press, 2006), 614.

5. John Calvin, *Commentary on the Book of Psalms,* trans. James Anderson (Grand Rapids: Baker, 2003), 2:486 (Ps. 91:11).

6. Spurstowe, *Wiles of Satan,* 14.

정확하게 맞추는 노련한 궁수의 화살과 같다(렘 50:9). 그는 오랜 세월 동안 사악함의 기술을 완전히 습득했다. 그는 화살을 날릴 가장 좋은 때가 언제인지를 경험으로 안다. 그는 낚싯줄을 드리울 때마다 어떤 미끼를 써야 하는지를 잘 안다. 그는 젊은이들은 아름다움으로, 검약한 사람은 돈으로, 야심 있는 사람은 권력으로 유혹한다. 윌리엄 젠킨은 "마귀는 하와에게는 사과를, 노아에게는 포도주를, 게하시에게는 옷을, 유다에게는 돈주머니를 사용했다."라고 말했다.[7] 그는 모든 방어막을 허물어뜨려 유혹의 덫에 걸리게 만드는 경험이 풍부하다.

사탄은 죄를 그럴듯하게 보이게 만들어 위장하는 법을 잘 알고 있다. 스퍼스토는, 아펠레스가 안티고누스 왕을 그릴 때 눈이 없는 쪽을 감추기 위해 얼굴의 한쪽 면만을 그린 것처럼, 사탄도 죄의 한쪽 면만을 보여준다고 말했다.

사탄은 우리의 방어책을 피해 공격하는 데 능숙하다. 신자들은 유혹을 받을 때 당혹스러워하며 깜짝 놀랄 때가 많

---

7. Thomas, *Golden Treasury of Puritan Quotations*, 76.

다. 그 이유는 죄짓는 것을 거부하기 위해 여러 가지 논리를 펼쳐도 사탄이 너무나도 신속하고 효과적으로 대응해 오기 때문이다. 사탄의 대응은 매우 신속하기 때문에 그와 논쟁을 벌이기보다는 즉각 그를 완전히 거부하는 것이 상책이다.

사탄은 가장 경건한 신자도 자신 있게 공격할 정도로 경험이 많다. 사탄은 신자들을 천국에서 끌어내지는 못하지만, 이곳 세상에서는 온갖 수단을 다 동원해 신자들이 천국에 가지 못하게 방해할 수 있다. 스퍼스토는 "사탄은 신자들의 빛을 끌 수 없다면 그 빛을 가리고, 배를 난파시킬 수 없다면 폭풍우를 일으키고, 그들의 행복한 결말을 방해할 수 없다면 그렇게 되기까지 그들을 괴롭히려고 유혹한다."라고 말했다.[8]

사탄은 경험 많고 자신만만한 대적자다. 그와 싸우면서 상처를 입지 않을 사람이 누가 있겠는가? 노아, 롯, 다윗, 베드로와 같은 신앙 위인들도 사탄의 유혹에 굴복했는데

---

8. Spurstowe, *Wiles of Satan*, 21.

우리가 어떻게 유혹자에게 저항할 수 있겠는가? 우리의 힘으로 마귀를 물리칠 수 있을 것이라고 생각하지 말라.

사탄은 지칠 줄 모르고 끊임없이 악을 조장한다

사탄은 사람들을 하나님에게서 떼어 놓으려고 가차 없이 유혹한다. 그가 무서운 이유는 오직 한 가지 생각과 목적만을 추구하기 때문이다. 고대 이탈리아 속담에 보면 "주님, 하는 일이 한 가지뿐인 사람에게서 저를 구하소서." 라는 말이 있다.

사탄은 우리가 나태해지도록 유혹하면서 자기는 한시도 게으름을 피우지 않는다. 스퍼스토는 "신중하게 처신하는 것이 우리의 의무라는 점과 소명을 부지런히 이행하는 것이 영혼이 정욕으로 더럽혀지는 것을 방지하고, 부지런한 유혹자의 습격을 막을 수 있는 최상의 방책이라는 점을 사람들에게 일깨워주기는 참으로 어렵다."라고 말했다.[9]

---

9. Spurstowe, *Wiles of Satan*, 25.

사탄은 귀신들의 왕국을 가지고 있다

다니엘 7장 10절은 "천천의" 천사들이 하나님을 섬기고, "만만의" 천사들이 그분 앞에 서 있다고 말한다. 성경이 사탄과 그의 귀신들을 강력한 왕국으로 묘사하는 것으로 보아, 그를 섬기는 타락한 천사들의 숫자도 매우 많을 것으로 추정된다. "통치자들과 권세들과 이 어둠의 세상 주관자들과 하늘에 있는 악의 영들을 상대함이라"(엡 6:12)라는 바울의 말은, 타락한 천사들의 숫자가 매우 많다는 것을 암시한다.

사탄의 왕국은 하나의 목적으로 뭉쳐 있다. 귀신들은 모두 하나님의 영광과 신자들의 행복을 싫어한다. 모든 귀신이 일심단결하여 사탄의 교리와 뛰어남과 통치를 선전하고, 혼란을 조장하려고 애쓴다. 그리고 그들은 하나로 뭉쳐 하나님의 지위와 계명과 순결함과 그분의 백성을 대적한다. 사탄의 왕국에는 분쟁이 없다(마 12:26). 보수가 적다고 폭동을 일으키거나 일이 고되다고 불평하거나 일이 어렵다고 망설이는 법도 없다. 물론, 하늘에서 성삼위 하나님과 함께 지내는 천사들도 단단히 결속되어 있을 것이 틀림없다. 그러나 세상에서 그들의 목적을 달성하기 위해 활동하는 지옥의 귀신들은 교회보다 더욱 단단히 결속되어 있다. 귀신들의 교제가 성도들의 교제보다 더 긴밀하다는 사실은 참으로 큰 불행이 아닐 수 없다.

귀신들은 제각각 교만, 분노, 시기심, 앙심으로 가득 차 있는데 어떻게 그런 결속력을 유지할 수 있는 것일까? 세상에서 적들끼리 공동의 적을 미워하는 마음 때문에 하나로 결속하는 것처럼, 사탄과 귀신들도 오직 하나님과 인간을 증오하는 마음 때문에 하나로 뭉친다. 선한 천사들은 죄인의 회개를 기뻐하지만, 악한 천사들은 죄인의 파멸을 기뻐한다. 스퍼스토는 "파멸한 죄인들이 지옥의 유일한 전리품이요 전승 기념비이다."라고 말했다.[10]

사탄의 악한 암시와 우리의 부패한 욕망은

구별하기가 매우 어렵다

때로 우리 안에 일어나는 악한 생각이 사탄이 부추긴

---

10. Spurstowe, *Wiles of Satan*, 29.

것인지, 아니면 우리의 내면에서 생겨난 것인지 구별하기가 어려울 때가 있다. 유혹자가 우리의 마음속에 심어준 악한 생각과 우리의 본성에서 비롯한 악한 생각을 구별하기가 쉽지 않다. "마귀의 장화는 철벅거리는 소리를 내지 않는다."라는 옛 속담이 있다.[11] 스퍼스토는 새가 알을 부화해 새끼를 기르다가 나중에야 그것이 자기 새끼가 아니라는 것을 알고는 그 침입자를 둥지 밖으로 밀쳐 낸다고 말했다. 만일 어떤 충동이 사탄에 의한 것인지를 안다면 그것을 거부할 수 있을 것이다. 다윗 왕이 사탄이 자기를 유혹해 백성들의 숫자를 헤아리게 한 것을 알았다면 그는 즉시 그 일을 중단했을 것이다(대상 21:1).

사탄은 자신의 암시와 우리의 부패한 이성을
결합시키는 데 능숙하다

사탄은 강제로 우리의 영혼을 정복할 수 없다. 따라서 그는 자신이 준 암시의 출처를 혼동하게 하는 방법을 통해

---

11. Blanchard, *Complete Gathered Gold*, 558.

목적을 이루려고 노력한다. 스퍼스토는 "마귀는 유혹할 수 있을 뿐이고, 오직 하나님만이 효과적으로 변화시키실 수 있다. 그러나 그 누구도 우리를 억지로 강제할 수는 없다."라고 말했다.[12]

사탄은 진리를 믿기보다 우리 자신이 믿기를 원하는 것을 믿도록 부추기는 능력이 탁월하다. 사탄은 무신론자들에게는 "마음이 약한 자들이나 하나님을 예배함으로써 위안을 얻는다."라고 말하고, 양심의 가책을 느끼는 사람들에게는 "약간의 신앙심만으로도 충분하다."고 말하며, 형식적인 신자들에게는 "지성적인 믿음만 있으면 된다."고 말하고, 참 신자들에게는 "세상 사람들은 의인들이 겪는 것만큼 많은 고난을 겪지 않는다."고 속삭인다(시 73편).

스퍼스토는 "악한 씨앗을 뿌리는 마귀가 부패한 원리를 좇는 성향을 지닌 마음속에 유혹의 씨앗을 뿌린다면, 그 씨앗은 곧 싹을 틔워 행동으로 이어지고, 나중에는 단단한 뿌리를 내려 아무런 근심이나 고민도 없이 죄를 일삼게 된

---

12. Spurstowe, *Wiles of Satan*, 33.

다."고 말했다.[13]

질문

1. 성경에 나오는 사탄의 "책략"과 "간계"라는 용어는 무엇을 의미하는가?

2. 마귀의 간교함이 그를 위험한 원수로 만드는 이유는 무엇인가?

3. 성경은 마귀의 왕국에 관해 무엇을 가르치는가?

4. 이번 장을 통해 사탄에 관해 알게 된 지식들 중에, 당신이 깨어 있는 마음으로 신중하게 하나님과 동행하는 삶을 사는 데 유익하다고 생각되는 지식이 있다면 무엇인가?

5. 앞에서 소개한 여섯 권의 청교도 저서 중에서 읽어본 책이 있는가? 만일 읽어보았다면 그 책을 통해 어떤 유익을 얻었는가? 만일 읽지 않았다면 어떤 책에 가장 관심이 끌리는가?

---

13. Spurstowe, *Wiles of Satan*, 35.

6장
사탄의 네 가지 전략에 대처하는 방법

우울하고 낙심되는 생각에 사로잡힌 한 남자에게 루터가 조언했다. "새들이 머리 위로 날아가는 것은 막을 수 없지만 형제의 머리털에 둥지를 짓는 것은 막을 수 있을 것이요."[1] 이번 장에서는 루터의 조언을 따르는 데 도움이 될 대처 방법을 몇 가지 제시할 생각이다.

사탄의 전략과 책략은 너무 다양하기 때문에 이 작은 책에서 모두 다루기에는 역부족이다. 윌리엄 거널은 어떤 여배우도 "마귀가 구사하는 유혹의 형태만큼 많은 무대

---

1. Luther to Hieronymus Weller, June 19, 1530, in *Letters of Martin Luther*, trans. Margaret A. Currie (London: Macmillan and Co., 1908), 221. The original says "fleeing" instead of "flying."

복장을 가지고 있지 않을 것이다."라고 말했다.[2] 따라서 여기에서는 그의 주된 전략 가운데 일부를 네 가지 제목으로 나누고, 각각의 전략에 대처하는 방법을 제시하는 것으로 만족하고자 한다. 여기에 제시된 대처 방법은 대부분 사탄의 다른 책략을 막아내는 데도 유익할 것이다.

첫 번째 전략 : 사탄은 죄를 짓도록 유혹한다

책략 : 사탄은 쾌락의 미끼로 죄의 낚싯바늘을 숨긴다. 사탄은 이 수법으로 아담과 하와를 유혹해 과일 한 조각과 낙원 전체를 맞바꾸게 만들었다. 그 과일에 숨겨진 죄의 낚싯바늘이 징벌과 죽음을 가져왔다.

대처 방법 : ① 유혹에 굴복했을 때 나타나게 될 결과를 기억하라. 죄는 무엇이든 달콤하면서 동시에 씁쓸하다. 사탄의 덫이 우리를 덮칠 것이다. 어느 날 저녁, 아내는 쥐 두 마리가 쥐덫에 놓인 땅콩버터를 조심스럽게 먹고 있는 모

---

2. Gurnall, *Christian in Complete Armour*, 1:382.

습을 발견했다. 녀석들은 놀라울 정도로 영리했다. 덫이 작동하지 않았다. 그러나 그로부터 이틀 후, 그 쥐들은 덫에 채여 죽어 있었다. 시간이 지날수록 조심성을 잃고 더욱 대담해진 결과였다.

죄는 가장 슬픈 손실을 야기하는 역병과도 같다. 패커는 "사탄의 유혹은…멸망에 이르는 넓은 길을 따라 줄지어 세워져 있는 '환영 현수막'과도 같다."고 말했다.[3] 브룩스는 "수많은 사람이 지옥에서 소화할 것을 세상에서 마구 먹어대고 있다."고 말했고,[4] 윌리엄 거널은 "모든 유혹에는 지옥의 불꽃이 숨어 있다."고 말했다.[5] 이런 생각만 해도 사탄이 던지는 유혹의 미끼를 장난삼아 건드리고 싶은 마음이 일어나지 않을 것이다.

② 불을 가지고 장난하지 말라. 자신의 약점을 알고 있다면 그런 유혹을 부추길 가능성이 있는 상황을 피하라.

---

3. J. I. Packer, *God's Words: Studies of Key Bible Themes* (Grand Rapids: Baker, 1981), 91.

4. Brooks, *Precious Remedies*, 32.

5. Gurnall, *Christian in Complete Armour*, 2:76.

예를 들어, 사람에 따라 다르겠지만 혼자서 인터넷을 하면서 채팅방에 들어가거나 상품 목록을 훑어보거나 쇼핑몰에 가거나 술집과 숙박업소를 가까이하면, 유혹의 미끼에 걸릴 수 있다. 자신이 무엇에 약한지를 잘 살펴 그것을 피해야 한다. 잠언 5장 8절은 "네 길을 그에게서 멀리 하라 그의 집 문에도 가까이 가지 말라"라고 말한다.

죄를 짓지 않고 죄에 얼마나 가까이 갈 수 있는지를 시험해 보려고 하지 말고, 가능한 한 죄를 멀리하려고 노력하라. 더그 바넷은 "금단의 열매를 내미는 마귀의 유혹에 넘어가지 않으려면 그의 과수원을 멀리하는 것이 최선이다."라고 말했다.[6] 로마서 12장 9절은 "악을 미워하라"고 말한다. "미워하다"를 뜻하는 헬라어는 죄를 두려워하며 미워하는 것, 곧 죄를 지옥처럼 증오하는 것을 의미한다.

③ 영적 성장과 사역 관련 활동에 적극적으로 임하라. 다윗은 자신이 속해야 할 전쟁터에 있지 않았기 때문에 유혹에 취약했다(삼하 11장 참고). 게을리 보내는 시간에 마귀가

---

6. Blanchard, *Complete Gathered Gold*, 627.

뛰논다는 옛 격언을 기억하라.

④ 유혹이 지속될 때는 비밀을 지켜줄 가까운 그리스도인 친구와 상의하라. 죄는 은밀한 상황에서 더 활발하게 활동한다. 따라서 문제를 밝히 드러내 좀 더 책임 있는 태도로 그것에 옳게 대처하려고 노력하면 죄의 세력을 깨뜨리는 데 도움이 된다(요일 1:6-7). 종종 혼자서나 친구와 함께 기도하면서 유혹에 저항할 수 있는 영적 힘을 구하라(마 26:41). 혼자 싸우는 사람은 죽음을 피하기 어렵다. 그리스도인들은 서로를 필요로 한다.

⑤ 유혹에 중립적일 수 없다는 것을 기억하라. 유혹을 받을 때마다 하나님께 더 가까이 나아가든지 그분에게서 더 멀어지든지 둘 중 하나다. 어윈 루처는 "유혹에 대한 우리의 반응은 하나님에 대한 우리의 사랑을 보여주는 정확한 척도다."라고 말했다.[7]

---

7. Erwin W. Lutzer, *Getting to No: How to Break a Stubborn Habit* (Colorado Springs: David C. Cook, 2007), 21.

책략 : 사탄은 죄를 미덕으로 제시한다. 사탄은 죄인을 계속 붙잡아 두기 위해 죄가 아무 문제도 아닌 것처럼 보이게 한다. 예를 들면, 교만이 자긍심으로, 탐욕이 야망으로, 술 취함이 교제로 보이게 만든다.

대처 방법 : 죄는 장식되고 위장될 때 더 위험하다. 그러나 죄는 결국 가면을 벗고 참모습을 드러낸다. 죽음을 맞이할 때 죄가 우리 눈에 어떻게 보일 것인지, 또 죄가 얼마나 사악한 것인지를 깊이 생각해야 한다. 우리는 죄의 용서를 위해 구원자이신 주님이 보혈을 흘려 대가를 치르셨다는 사실을 기억해야 한다.

책략 : 사탄은 죄로부터 회개하기가 쉽다고 말한다. 그는 회개의 어려움을 최소화함으로써 죄의 무서운 속성을 최소화한다. 사탄은 그런 식으로 계속해서 죄를 짓도록 부추긴다.

대처 방법 : 회개는 쉬운 것이 아니다. 하나님의 은혜가 초자연적으로 개입하지 않으면 죄를 뉘우치기는 불가능하다. 토머스 브룩스는 "회개는 자연의 동산에서 자라나는

꽃이 아니다."라고 말했다.[8] 참된 회개는 철저하고 포괄적이다. 브룩스는 "죄를 회개하는 것은 죄를 짓지 않는 것만큼이나 어려운 은혜의 사역이다."라고 말했다.[9] 회개는 전 인격을 변화시키는 매일의, 일평생의 과업으로서, 회개하는 사람을 끊임없이 죄에서 떠나 하나님께로 나아가게 한다. 회개는 죄를 슬퍼하고, 부끄럽게 여기고, 기꺼이 죄를 고백하고, 죄를 버리고, 죄의 형벌을 달게 받게 한다. 회개한 사람은 죄를 지은 자기 자신을 미워하며(욥 42:6; 겔 20:43) 그리스도께로 달려가 은혜와 위로를 구한다.

책략 : 사탄은 우리가 속된 사람들과 어울리도록 부추긴다. 그는 관계를 통해 동화가 이루어진다는 것을 알고, 경건하지 못한 사람들과 어울림으로써 죄를 짓도록 유도한다.

대처 방법 : 성경은 경건하지 못한 사람들과 어울리면 나

---

8. Thomas Brooks, *The Unsearchable Riches of Christ*, in *The Complete Works of Thomas Brooks*, ed. Alexander B. Grosart (Edinburgh: James Nichol, 1866), 3:104.

9. Brooks, *Precious Remedies*, 63.

뺀 영향을 받을 위험이 있다고 경고한다. 에베소서 5장 11절은 "너희는 열매 없는 어둠의 일에 참여하지 말고 도리어 책망하라"라고 말한다. 잠언 4장 14-15절에서도 "사악한 자의 길에 들어가지 말며 악인의 길로 다니지 말지어다 그의 길을 피하고 지나가지 말며 돌이켜 떠나갈지어다"라는 말씀이 발견된다.

책략 : 사탄은 회심하지 않은 사람들은 슬픈 일을 거의 겪지 않고, 겉으로 볼 때 매우 친절한 사람들처럼 보이게 한다. 그리고 신자들은 친절하지도 않고, 슬픈 일도 많이 겪는 사람들처럼 보이게 한다. 사탄은 그런 식으로 우리에게 하나님을 섬기는 일이 헛된 것이라는 생각을 부추긴다(시 73:1-15; 렘 44:16-18).

대처 방법 : 하나님이 어떤 사람을 마음으로는 정죄하시면서도 그분의 자비의 손이 그를 축복하시는 것처럼 보일 수 있다. 사울 왕이 그 대표적인 경우다. 그와 비슷하게 하나님이 어떤 사람을 마음으로는 진정으로 사랑하시면서도 그에게 많은 시련을 허락하시는 것처럼 보일 수 있다.

욥이 그 대표적인 경우다. 하나님은 사랑하시는 자들을 그들의 영원한 행복을 위해 엄히 징계하신다(히 12:5-6). "하나님을 사랑하는 자들에게는 모든 것(즉 모든 시련)이 합력하여 선을 이룬다"(롬 8:28). 신자들이 누리는 내적 기쁨은 겉으로 보여지는 것보다 더 클 때가 많고, 사악한 자들의 내적 필요는 겉으로 누리는 즐거움보다 항상 더 크다.

책략 : 사탄은 죄의 심각함을 최소화해 더 큰 죄를 짓도록 유도한다. 죄는 우리의 생각에서부터 시작해서 우리의 표정과 말과 행위에까지 영향을 미친다. 스퍼스토는 "사탄은 누군가를 고결한 고백의 정점에서 갑작스레 가장 낮은 악의 심연 속으로 단번에 떨어뜨리지 않고, 비스듬한 내리막과 굴곡을 거쳐 조금씩 아래로 내려가도록 유도한다."라고 말했다.[10]

대처 방법 : 브룩스는 가장 작은 죄도 "하나님의 율법과 하나님의 뜻과 하나님의 영광과 하나님의 의도를 거스른

---

10. Spurstowe, *Wiles of Satan*, 36.

다."고 말했다.[11] 엄밀히 말해, 작은 죄라는 것은 없다. 그 이유는 우리가 죄를 지어 거스르는 하나님이 작은 하나님이 아니시기 때문이다. 브룩스는 "작은 죄"를 짓는 것도 하나님을 크게 모욕하는 것이라고 말했다. 그는 "유혹이 작게 느껴지는 죄일수록 더욱 중한 죄를 짓는 것이다. 작은 죄를 지음으로써 하나님을 근심하게 하고, 그리스도를 피 흘리게 하고, 성령을 탄식하시게 만드는 것은 하나님과 그리스도와 성령을 가장 욕되게 하는 것이다."라고 강조했다.[12] 사탄이 작은 죄를 짓도록 유혹할 때는 "나의 가장 위대한 친구이신 주님의 철천지원수인 네게 굴복함으로써 가장 사소한 죄뿐만이 아니라 나의 모든 죄를 위해 죽으신 그분을 노엽게 해드리고 싶지 않다."고 말하라.

작은 죄는 큰 해악을 끼칠 수 있다. 일단 죄를 짓기 시작하면 언제, 어디서, 어떻게 그 죄를 짓기를 중단해야 할지 모르게 된다. 브룩스는 "작은 죄가 영혼 속에 들어와 번식

---

11. Thomas Brooks, *A Cabinet of Jewels*, in *Works*, 3:318.

12. Brooks, *Precious Remedies*, 41.

하고, 영혼 안에서 분간하기 어려운 상태로 은밀하게 작용하기 시작하면 결국에는 영혼을 짓뭉개고, 영혼의 목을 자를 만큼 강해진다."고 말했다.[13] 가장 작은 죄도 궁극적으로는 하나님의 진노를 불러일으킨다. "가장 큰 고통보다 가장 작은 죄에 더 많은 해악이 존재한다."는 청교도들의 말은 참으로 지당하지 않을 수 없다.[14]

두 번째 전략 : 사탄은 영적 훈련을 방해한다

책략 : 사탄은 영적 훈련을 실천하기가 어렵다고 생각하게 만든다. 그는 우리가 기도, 성경 공부, 다른 신자들과의 교제, 성화를 꾸준히 추구하지 못하게끔 방해한다. 그는 그런 훈련을 즐거움이 없이 습관적으로 이행하기보다는 차라리 단념하는 편이 더 낫다고 생각하도록 부추긴다.

대처 방법 : 영적 훈련을 부지런히 이행하라는 하나님의

---

13. Brooks, *Precious Remedies*, 42.

14. Brooks, *Precious Remedies*, 44.

명령을 상기함으로써, 사탄이 부추기는 사탄적이고 자기 패배적인 생각을 물리치라. 매일 기도하면서 부지런히 체계적으로 성경을 읽고, 성경의 진리를 묵상하는 습관을 기르라. 묵상의 훈련은 필요할 때 의지할 수 있는 내적 자원을 제공한다(시 77:10-12). 쉬지 말고 기도하고, 성례를 충실히 활용하며, 정기적으로 신자들과 교제하고, 주일을 거룩하게 지키며, 이웃들에게 복음을 전하라.

영적 훈련의 유익을 기억하라. 영적 훈련은 때로 이행하기가 어렵지만 그것을 활용하면 성령께서 복을 내려주신다. 기도, 성경 공부, 신자들과의 교제 및 그 밖의 영적 훈련을 부지런히 이행하면, 하나님을 영화롭게 하고 그분을 즐거워할 뿐 아니라 그리스도의 임재를 경험하고, 그분을 굳게 붙잡을 수 있다. 또한 사랑의 불길이 활활 타오르고, 생각이 확고하게 확립되며, 죄가 접근하지 못하게 막을 수 있고, 우리의 연약한 은혜가 강해지며, 미약한 은혜가 되살아나고, 두려움이 사라지며, 희망이 솟아난다. 영적 훈련을 이행하면 삶의 모든 영역에서 경건함이 진작된다.

십자가보다는 면류관을, 현재의 고난보다는 미래의 영

광을 더 많이 생각하라. 광야와 같은 이 세상에서도 영적 훈련을 이행할 때 많은 유익을 얻는다면, 하늘에서는 얼마나 더 많은 유익을 얻게 될 것인가? 천국은 영적 훈련을 이행하는 데 투여한 모든 노력을 충분히 보상하고도 남을 만한 유익을 가져다줄 것이다.

책략 : 사탄은 헛된 생각으로 우리를 산만하게 만들어 영적 훈련을 통해 하나님을 추구하지 못하게 방해한다. 그런 공격은 신성한 의무를 이행하는 데 필요한 힘을 모두 빼앗아갈 만큼 거세고 혼란스러울 수 있다.

대처 방법 : 하나님 앞에 나갈 때 그분의 장엄한 거룩하심을 생각하라. 헛된 생각을 일삼은 죄를 고백하고, 그런 산만한 생각에 빠지는 것이 싫다고 아뢰라. 성령의 능력을 통해 그런 생각들을 물리치고, 영적 훈련을 계속 이행하라. 세상의 염려에 빠지지 않게 도와 달라고 기도하고, 하늘의 영원한 진리로 가득 채워 달라고 간구하라. 하나님을 갈수록 더 많이 알고, 그분에 대한 다양한 진리를 깨닫기 위해 노력하라. 세상의 염려보다 영적 훈련에 생각을 집중

하라. 일상의 삶이 세상의 의무들로만 가득 채워져 있다면 날마다 하나님을 구할 수 있는 시간을 갖게 될 때까지 적절히 줄여 나가라. 세상의 일이 영적 훈련을 침해하도록 방치하지 말라.

루터는 자기가 하나님과 진지하게 교제를 나누는 소리를 마귀에게 들려주기 위해 영적 훈련을 큰소리로 이행했다고 한다. 그는 "마귀는 하나님의 말씀을 읽는 소리를 견디지 못하기 때문에 소리를 내서 기도를 드리면 마귀가 도망친다."고 말했다.[15] 크게 소리를 내면 집중력을 높이는 데 도움이 된다. 산만한 생각을 떨쳐낼 수 있는 방법에 대해 좀 더 자세히 알고 싶으면 리처드 스틸의 《흐트러짐》 *A Remedy for Wandering Thoughts in the Worship of God*을 참조하라.[16]

---

15. Martin Luther, *Lectures on Romans*, in *Luther's Works*, 25:459.

16. Richard Steele, *A Remedy for Wandering Thoughts in the Worship of God* (Harrisonburg, Va.: Sprinkle Publications, 1988).

세 번째 전략: 사탄은 하나님과 그분의 진리를 그릇 나타낸다

책략 : 사탄은 하나님을 냉혹한 주인으로 나타낸다. 사탄은 창세기 3장 이후로 항상 하나님을 냉혹하고, 엄하고, 무정한 분으로 묘사해 왔다. 그는 하나님은 거룩하고 의로우시기 때문에 강퍅한 마음으로 죄를 지은 사람들에게 조금의 긍휼도 베풀지 않으신다고 속삭임으로써 수많은 사람을 절망으로 몰아넣는다.

대처 방법 : 조나단 에드워즈는 시편 25편 11절("여호와여 나의 죄악이 크오니 주의 이름으로 말미암아 사하소서")을 본문으로 설교 말씀을 전하면서 이런 사탄의 전략을 언급했다. 에드워즈는 다윗이 11절과 같이 용서를 구했던 이유는 오직 하나님의 이름에 호소해야만 용서를 받을 수 있다는 것을 깨달았기 때문이라고 말했다. 다윗은 자신의 죄가 지극히 크다는 것을 용서를 구하는 근거로 삼았다. 에드워즈는 음식을 구걸하는 걸인이 처참하게 가난한 자신의 처지를 호소하는 것처럼, 영적으로 곤궁한 사람은 하나님의 긍휼을 간구

해야 한다고 결론지었다. 에드워즈는 "곤궁한 사람이 긍휼을 구할 때 이보다 더 적절한 호소가 어디에 있겠는가? 우리의 비참한 처지를 호소하는 것 외에 우리 안에 있는 그 무엇으로도 하나님을 움직여 우리에게 긍휼을 베푸시게 할 수 없다."고 말했다.[17] 삼위일체 하나님은 걸인들을 기쁘게 받아주신다. 그분은 우리의 빈궁한 처지에 무감각한 냉혹한 주인이 아니시다. 챠녹은 "사탄은 하나님을 자신의 색깔로 칠한다."고 말했다.[18]

책략 : 사탄은 성삼위 하나님이 모두 똑같이 죄인들을 구원하기를 기뻐하시는 것은 아니라는 그릇된 생각을 부추긴다. 사탄은 성부와 성령께서는 구원을 베푸는 데 덜 적극적이시고, 단지 그리스도께서만 죄인들을 기꺼이 구원

---

17. Jonathan Edwards, 266. Sermon on Ps. 25:11 (1743), in *Works of Jonathan Edwards Online, Volume 47, Sermons, Series 2, 1731–1732* (Jonathan Edwards Center at Yale University), http://edwards.yale.edu/archive?path =aHR0cDovL2Vkd2FyZHMueWFsZS5lZHUvY2dpLWJpbi9uZXdwaGxsby9nZXRvbmplY3QucGcw/Yy40NTozOS53amVv, accessed Apr. 1, 2015.

18. Charnock, *Existence and Attributes of God*, in *Works*, 2:365.

하기를 원하시는 것처럼 말하는 설교를 좋아한다.

대처 방법 : 예수님은 진실로 죄인들을 즐거이 영접하신다 (눅 15:2). 그러나 성부 하나님과 성령 하나님도 마찬가지이시다. 성부께서는 우리의 구원을 위해 독생자를 내어줄 만큼 우리를 구원하기를 기뻐하셨다. 성령 하나님께서도 온갖 죄인들의 마음속에서 놀라운 인내심을 발휘하며 사역할 정도로 우리를 구원하기를 기뻐하신다.

책략 : 사탄은 때로 단지 하나님의 사랑과 은혜만을 강조한다. 그는 하나님은 은혜가 풍성하시기 때문에 그분과의 관계나 죄에 대해 아무런 고민도 하지 말라고 속삭인다. 그는 하나님은 은혜를 베풀기를 기뻐하시기 때문에 그분의 공의를 두려워할 필요가 없다고 말한다.

대처 방법 : 하나님은 진실로 은혜로우시지만 그분의 은혜는 의롭다. 하나님의 은혜를 마음껏 죄를 지을 수 있는 빌미로 삼는다면, 그것은 은혜를 거슬러 죄를 짓는 것이다. 브룩스는 "하나님이 하늘로부터 지옥의 심판을 쏟아부으시는 이유는 은혜를 거스르는 죄가 사람들의 머리와 가슴

에 가장 크고 혹독한 심판을 초래하는 것이기 때문이다."
라고 말했다. 그러면서 그는 "하나님은 처음에는 은혜의
백색 깃발을 내걸지만, 사람들이 은혜를 거부하면 공의와
심판의 적색 깃발을 내미신다."고 덧붙였다.[19]

신자들은 하나님의 은혜를 죄를 독려하는 것이 아니라
죄로부터 자신을 보호해줄 가장 강력한 근거로 삼아야 한
다(시 26:3-5; 롬 6:1-2). 브룩스는 "하나님의 은혜를 자유롭게
죄를 짓는 빌미로 삼는 것, 곧 하나님의 선하심을 방종의
기회로 삼는 것보다 사탄을 더 많이 닮게 만드는 것은 없
다. 이것이 마귀의 논리다."라고 결론지었다.[20]

네 번째 전략 : 사탄은 성화를 방해한다

책략 : 사탄은 우리가 복음의 진리에 관한 구원의 지식에
순종하지 못하게 방해한다. 일단 구원을 받아 거룩하게 하

---

19. Brooks, *Precious Remedies*, 51 – 52.

20. Brooks, *Precious Remedies*, 54 – 55.

는 하나님의 칼에 의해 불필요한 것들이 제거되는 과정에 들어서면, 사탄은 혼란을 부추기려고 애쓴다. 그러면 베드로처럼 주님을 부인하고, 우리의 영적 부르심에 합당하지 않게 처신하는 잘못을 저지르기 쉽다.

대처 방법 : 믿음의 퇴보를 회개하고 하나님께로 돌이켜 처음 사랑을 느꼈을 때 열심히 행했던 선한 일을 다시 하려고 노력해야 한다(계 2:4-5). 또한, 성경과 성경적인 신앙도서 안에 당신 자신이 푹 잠기게 하고, 굳센 각오로 하나님 앞에서 사랑의 순종을 실천할 수 있게 해달라고 기도해야 한다.

책략 : 사탄은 영적 진리를 이론적으로 알고 있는 것만으로 충분하다고 강조한다. 그는 "구원받았다고 자처하는 사람들 가운데 그리스도에 관해 아는 것만으로 만족하는 이들이 많은데, 굳이 그리스도를 경험적으로 더 많이 알려고 애쓸 이유가 무엇이냐?"라고 속삭인다. 사탄은 우리가 항상 그리스도에 관해 배우더라도 괘념치 않지만, 그 정보가 거룩하게 하는 진리의 지식으로 발전하는 것은 어떤 일이

있어도 막으려고 한다(딤후 3:7). 토머스 왓슨은 "마귀는 설교가 우리의 양심에 아무런 영향을 미치지 않는 한, 우리가 얼마나 많은 설교를 듣든지 전혀 개의치 않는다."고 말했다.[21]

대처 방법 : 성령의 사역을 통해 주어지는 그리스도에 관한 경험적 지식을 추구하고(고전 1:30), 한 걸음 더 나아가서 성경의 위대한 진리를 모두 알려고 노력하라(딤후 3:14-17). 살아 계신 말씀이요 진리의 화신이신 그리스도를 경험적으로 알고, 받아들여야 한다. 요한복음 17장 3절은 "영생은 곧 유일하신 참 하나님과 그가 보내신 자 예수 그리스도를 아는 것이니이다"라고 말한다. 여기에서 "안다"라는 용어는 깊고 지속적인 관계를 의미한다.

책략 : 사탄은 성화가 이해하기 어려운 것이라는 이유를 들어 그것을 비현실적인 것처럼 보이게 만든다. 그는 거룩

---

21. Thomas Watson, *The Ten Commandments* (Edinburgh: Banner of Truth, 1965), 216.

해지는 과정이 아름답고 단순하다는 사실을 숨기려고 애쓴다.

대처 방법 : 구원과 성화는 값없는 선물이다. 성화를 허락하신 하나님은 우리가 이룬 성화의 정도가 겨자씨만큼 작을지라도 우리 안에서 성화가 이루어지도록 은혜를 아낌없이 베풀어 주신다. 하나님은 또한 천국에 가기 위한 공로를 세우기 위해서가 아니라 단지 성화를 독려하는 성령의 인도하심에 따라 우리가 가진 전부를 자기에게 바칠 수 있는 마음을 갖도록 이끄신다. 성화를 위해 하나님과 우리가 서로 주고받는 것은 대등하지 않다. 그리스도께서 우리에게 베푸시는 선물이 우리가 그분께 드리는 선물보다 훨씬 더 크다. 그러나 이런 상호 교환은 아름답고, 단순하며, 신비롭다. 그런 노력은 성경의 가르침은 물론, 성령의 사역과 뜻에 따라 이루어진다. 어린아이 같은 단순함으로 그리스도 안에서 우리를 거룩하게 하시는 하나님을 신뢰하라. 하나님은 우리 안에 계시는 그리스도 예수께서 우리의 "지혜와 의로움과 거룩함과 구원함이 되게" 하겠다고 약속하셨다(고전 1:30).

책략 : 사탄은 구원이 우리의 영적 경험이나 거룩함이나 행위에 달려 있다고 생각하도록 유도한다. 그는 복음과 율법은 물론, 믿음과 행위의 올바른 관계를 혼동하게 만들려고 애쓴다.

대처 방법 : 19세기의 한 신자는 자신의 경험을 다음과 같이 인상 깊게 묘사했다.

> 나는 율법에 순종해야 한다고 생각하고, 모세와 담판을 짓기 위해 그를 찾아갔다. 그런데 그는 단번에 나를 때려눕혔다. 나는 그렇게 당해도 싸다고 생각하고 아무런 불평도 하지 않았다. 나는 단단히 준비하고 그를 다시 찾아갔다. 그는 이번에는 더 센 타격을 가해 또다시 나를 땅바닥에 때려눕혔다. 나는 깜짝 놀란 채로 내 말을 들어 달라고 그에게 간청했다. 그러나 그는 나의 요청을 단호히 거절하고, 나를 시내산에서 쫓아냈다. 나는 크게 절망하며 갈보리로 향했다. 나는 그곳에서 나를 불쌍히 여기며 내 죄를 용서하고, 내 마음을 그의 사랑으로 가득 채워주시는 분을 발견했다. 나는 그분을 바라보았고, 그분이 베푸신 치유의

은혜가 나의 존재 전체에 스며들어와서 내 안에 있는 질병을 치료했다. 나는 다시 모세에게 가서 내게 일어난 일을 말했다. 그러자 그는 미소를 지으며 내 손을 붙잡고, 나를 가장 사랑스럽게 맞아주었다. 그는 그 이후로는 나를 때려 눕히지 않았다. 갈보리를 거쳐 시내산에 가자 그곳의 천둥소리가 잠잠했다.[22]

구원은 오직 은혜로 주어진다. 당신의 공로를 의지하지 말라. 날마다 죄를 뉘우치며 믿음으로 죄인의 구원자이신 그리스도 안에서 피난처를 찾으라. 그리스도 안에 나타난 하나님의 사랑을 항상 사모하며, 그 사랑의 샘에서 은혜롭게 흘러나오는 감사의 순종을 이루도록 도와 달라고 성령께 기도하라.

책략 : 사탄은 우리의 행위는 도외시한 채, 우리가 믿는 것

---

22. Wm. L. Parsons, *Satan's Devices and the Believer's Victory* (Boston, 1864), 291 – 92.

만 중요하다고 말한다. "이 세상에서 거룩해지려고 애쓰는 것은 별로 중요하지 않다. 진정으로 필요한 것은 하나뿐이고, 너는 이미 그것을 이루었다. 너는 이미 회심했으니 천국을 향해 가는 중이다. 네가 죽으면 온전히 거룩해질 것이다. 그러니 지금 거룩해지려고 너무 애쓰지 말라."

대처 방법 : 그런 속삭임에 잠깐이라도 귀를 기울이는 것은 그리스도의 제자에게 합당하지 않다. 성경은 신자들에게 은혜 안에서 성장하라고 요구한다. 성경은 뒤에 있는 것은 잊어버리고, 영적으로 더욱 성숙해지기 위해 노력하라고 명령하며, 끝까지 그리스도께 순종하라고 가르친다. 우리 앞에 바다와 광야가 펼쳐져 있더라도 앞을 향해 전진해야만 이 세상에서 우리의 사명을 이룰 수 있고, 유익한 존재가 될 수 있다(출 14:13-14). 믿음으로 세상을 이기든지 세상에 패하든지 둘 중 하나다. 불신앙으로 뒷걸음치면 우리의 "옛 죄가 깨끗하게 된 것을" 잊게 되고(벧후 1:9), 우리의 죄가 일곱 배나 더 커진 상태로 되돌아와 우리를 다시 속박할 것이다.

책략 : 사탄은 이 세상에 있는 동안 그리스도 안에서 살려고 노력해봤자 아무 소용이 없다고 말한다. 요한이 말한 대로(요일 5:4) 믿음으로 세상을 이기는 사람은 극히 드물다. 그런데 힘들게 애쓸 필요가 무엇인가?

대처 방법 : 세상과 육신과 마귀에게 패배하는 것을 이미 결정된 사실로 생각하지 말라. 구원자께서 자신의 능력으로 믿음을 통해 우리를 승리자로 만들어 주실 것이라고 굳게 믿으라. 믿음의 선한 싸움을 싸우라. 성경의 약속을 나의 것으로 주장하라. 구원자의 언약과 맹세를 기억하라. 속박의 멍에를 깨뜨려 "하나님의 자녀들의 영광의 자유에 이르게 하는"(롬 8:21) 그리스도의 능력을 의지하라.

책략 : 사탄은 우리의 가장 약한 곳을 공격해 우리를 세속적인 길로 유혹한다. 그는 우리 자신을 성경의 기준이 아닌 우리 스스로와 비교하게 만들어 양심을 둔감하게 만든다.

대처 방법 : 세속적인 성향은 우리 안에서 천천히 발달한다. 마치 악성 종양처럼 발견했을 때는 이미 너무 늦은 경우가 많다. 따라서 깨어 경계해야 한다. 마음이 세속화되

지 않도록 굳게 지켜야 한다. 존 플라벨은 "우리의 감각을 지키는 파수꾼을 세워야 한다."고 말했다.[23] 우리의 상상과 생각과 마음의 문을 지키는 보초병을 세워야 한다. 우리의 사사로운 생각을 주의 깊게 감시해야 한다. 시편 저자처럼 사악한 것을 우리의 눈앞에 두어서는 안 된다.

속된 것의 가장 큰 위험 가운데 하나가 눈을 통해 주어진다. 수많은 사람이 인터넷의 음란물에 깊이 빠져 있다. 또 어떤 사람들은 유익하지 않은 TV 프로그램을 시청하거나 집에서 봐서는 안 될 영화를 빌려보는 일에 많은 시간을 할애하는 것을 대수롭지 않게 생각한다.

죄와 시시덕거리지 마라. 산꼭대기에 살았던 한 남자를 생각해보자. 그는 좁은 산길을 따라 자기 딸을 매일 학교에 데리고 갔다가 다시 데리고 와줄 사람을 고용하고자 했다. 그는 여러 지원자를 면접하면서 그들 각자에게 "낭떠러지에서 떨어지지 않고, 그곳에 얼마나 가까이 다가갈 수

---

23. John Flavel, *A Saint Indeed: Or, The Great Work of a Christian Opened and Pressed*, in *The Works of John Flavel* (1820; repr., Edinburgh: Banner of Truth, 1968), 5:464.

있습니까?"라고 물었다.

첫 번째 사람은 "낭떠러지에서 떨어지지 않고 30센티미터 앞까지 다가갈 자신이 있습니다."라고 대답했고, 두 번째 사람은 "나는 15센티미터 앞까지 다가갈 수 있습니다."라고 대답했다. 세 번째 사람은 한술 더 떠서 3센티미터 앞까지 다가갈 수 있다고 말했다. 그러나 네 번째 사람은 "낭떠러지에 가까이 다가갈수록 동행자를 더 꼭 껴안아야 하니 가능한 한 낭떠러지에서 최대한 멀리 떨어져 가겠습니다."라고 대답했다. 누가 그 일에 적임자인지는 굳이 말할 필요조차 없다.

세상의 것을 멀리하라. 낭떠러지에서 떨어지기 전에 그 위험을 의식하라. 죄를 깨달았을 때는 즉시 고백하라. 하나님 앞에서 신속히 죄를 청산하라. 양심을 습관적으로 깨끗하게 유지하면 하나님과의 즐거운 교제를 중단 없이 누릴 수 있다. 그런 교제야말로 우리가 절실히 원하는 것이다. 그리스도와 함께 하늘에 앉는 것이 세상과의 싸움을 승리로 이끌 수 있는 최선책이다(엡 2:6).

마지막 조언

도널드 반하우스는 "마귀의 책략을 몰라야 할 이유는 없다. 그것은 하나님의 말씀 안에 분명하게 드러나 있을 뿐아니라 우리의 주변 곳곳에서 관찰된다."라고 말했다.[24] 마귀의 책략은 많은 책들, 특히 유능한 청교도들이 쓴 책들 안에서도 분명하게 확인된다.

신자들을 의심과 어둠 속으로 몰아넣거나, 그들의 일관되지 못한 태도를 이용하거나, 신자와 교회를 이간질하거나 교리적인 오류와 배교를 부추기거나, 그릇된 영성을 조장하거나, 사탄 숭배, 귀신 신봉, 점술 따위를 부추기는 것과 같은 또 다른 사탄의 전략은 지면의 한계 때문에 더 다루기가 어렵다.

그러나 그런 책략에 관한 대처 방법도 대개는 비슷

---

24. Donald Grey Barnhouse, "Enemy Strategy," Making God's Word Plain with Donald Grey Barnhouse, April 3, 2014, accessed April 2, 2015, http://www.makinggodswordplain.org/mgwp/enemy-strategy.

한 유형을 따른다. 토머스 브룩스는《*Precious Remedies against Satan's Devices*》(사탄의 책략 물리치기)라는 고전에서 타의 추종을 불허하는 훌륭한 대처 방법을 제시했다. 그는 사탄의 책략에 대응해야 할 그리스도인의 의무를 열 가지로 나눠 요약했다. 브룩스가 제시한 방법들은 모두 다 성경에서 비롯했다.

- 성경의 규칙을 지켜 행하라.
- 성령을 근심시키지 말라.
- 하늘의 지혜를 추구하라.
- 사탄의 첫 번째 제안을 즉각 거부하라.
- 성령 충만하기 위해 노력하라.
- 겸손을 유지하라.
- 항상 깨어 경계하라.
- 하나님과의 교제를 유지하라.
- 자신의 능력이 아닌 그리스도의 능력으로 사탄과 싸우라.
- 기도를 많이 하라.

베드로는 이보다 더 짧은 조언을 제시했다. 그는 "근신하라 깨어라 너희 대적 마귀가 우는 사자 같이 두루 다니며 삼킬 자를 찾나니 너희는 믿음을 굳건하게 하여 그를 대적하라"(벧전 5:8-9)고 권고했다.

"근신하라"는 명확하게 생각하고, 신중하게 생각하고, 무엇보다도 성경적으로 생각하라는 뜻이다.

"깨어라"는 적의 존재와 활동과 목적의 징후를 경계하는 것을 의미한다.

마귀를 "대적하라." 그의 계획은 항상 악하다. 그에게 무엇을 내주면 내줄수록 그는 더 많은 것을 원한다. 브룩스의 말을 진지하게 생각하라. 그는 "사탄은 우리의 영혼에 영예, 기쁨, 유익을 약속하지만 결국에는 가장 큰 멸시, 수치심, 손해를 가져다준다."고 말했다.[25]

"믿음을 굳건하게 하라." 흔들리지 말고 조금도 굴하지 않는 태도로 하나님의 말씀을 방패로 삼고, 그분의 아들을 믿는 믿음을 활용하라. 그러면 모든 것이 잘될 것이고, 하

---

25. Brooks, *Precious Remedies*, 30.

나님의 은혜로 완전해지고, 확고해지고, 굳세어질 것이다. 브룩스는 "우리의 인생은 짧고, 우리의 의무는 많고, 우리의 도움은 크고, 우리의 보상은 확실하다. 그러므로 이를 기억하고, 용기를 잃지 말고, 끝까지 인내하며 선을 행하라. 그러면 하늘이 모든 것을 보상해줄 것이다."라고 말했다.[26]

마지막으로, 자신의 삶 속에서 진정으로 사탄을 물리치고 싶은가? 그렇다면 그리스도께 집중하고, 그분 안에서 얻은 새로운 신분을 기억하라. 그리스도를 믿는 믿음으로 세상을 이기라. 그분을 위해 열매를 맺어라. 유혹의 도구가 되지 말라. 그리스도께 모든 희망을 두고, 그분의 능력을 의지하고, 그분과 그분의 백성을 사랑하라. 그리스도께서 나의 전부이시라는 생각으로 살아가라.

질문

1. 사탄은 어떤 식으로 치명적인 죄의 낚싯바늘에 유혹

---

26. Brooks, epistle dedicatory to *Precious Remedies*, 20.

의 미끼를 매다는가? 그런 유혹은 어떻게 물리칠 수 있는가?

2. 사탄은 어떤 식으로 우리의 용기를 꺾거나 우리를 산만하게 만들어 말씀과 기도에 헌신하지 못하도록 방해하는가? 영적 훈련을 끝까지 잘 수행하려면 어떻게 해야 하는가?

3. 마귀는 어떤 식으로 하나님을 그릇 나타내 우리의 불신앙을 부추기는가? 하나님의 은혜와 정의와 관련해 우리가 붙잡아야 할 진리는 무엇인가?

4. 사탄은 어떤 식으로 그리스도인의 성화를 방해하는가? 하나님이 자기 백성에게 허락하신 대처 방법은 무엇인가?

5. 사탄의 다양한 책략에 관해 읽으면서 특별히 최근에 사탄이 공격의 수단으로 사용한 책략이 있다면 두세 가지만 말해보라. 그런 책략을 물리치려면 어떻게 해야 하는가?

Part 4

우리의 개인적인 삶과 교회와 국가 안에서
사탄의 패배에 대해 이해하기

7장
신자에게 주어진 도전

사탄은 죽음을 기다리는 사형수와도 같다. 그의 시간은 정해져 있다. 그는 여전히 교활한 유혹자요 포효하는 사자처럼 행세하지만 이미 치명적인 타격을 입은 상태다. 세상은 속이는 자가 아닌 창조주께, 유혹자가 아닌 구세주께 속해 있다. 프레데릭 리히는 "사탄의 반격은 거세지만 아무런 가망이 없다. '세상의 왕국들'에 대한 그의 권리 주장을 믿어서는 안 된다. 그는 지배하는 척하지만 사실은 모두 거짓이다. 그는 아무런 권위도 없는 찬탈자에 지나지 않는다. 하나님의 세계에서 사탄은 사기꾼이요 아무 권리가 없는 불법 거주자일 뿐이다."라고 말했다.[1]

---

1. Leahy, *Satan Cast Out*, 31.

그리스도께서는 십자가와 부활을 통해 사탄을 정복하셨다. 그러나 사탄은 마지막으로 처형될 날을 기다리는 중이다. 신자인 우리가 학자들이 말하는 '이미'와 '아직 아니'의 시기, 곧 신약성경 시대의 교회가 처한 과도기적 시대를 살아가는 것처럼(우리는 이미 구원받았지만 아직 사탄의 손길이 미치지 않는 천국에는 이르지 못했다), 사탄도 '이미'와 '아직 아니'라는 과도기적 시대를 살고 있다. 그는 그리스도의 죽음과 부활로 이미 패했지만, 아직 완전히 결박당해 지옥(곧 더 이상 여자의 후손들의 발꿈치를 상하게 할 수 없는 장소)에 던져지지는 않았다.

하나님의 영원한 관점에서 보면 '이미'와 '아직 아니' 사이의 간극은 사실상 존재하지 않는다. 시간에 얽매인 우리의 관점에서만 그 둘의 간극이 존재할 뿐이다. 어느 날 우리가 천국에 들어가면 그 간극이 찰나처럼 보일 것이다. 그 간극은 번개가 치고 곧이어 천둥이 울리기까지 걸리는 시간과 같다. 사실, 천둥과 번개는 동시에 일어난다. 단지 빛이 소리보다 더 빠르기 때문에 번개가 먼저 보이고, 몇 초 뒤에 천둥소리를 듣게 되는 것이다. 그리스도의 사역과 죽음과 부활을 통해 사탄은 하늘에서 번개처럼 떨어졌다. 장차 심판 날이 되면, 우리는 사탄의 영원한 멸망을 알리는 천둥소리를 듣게 될 것이다.

번개와 천둥 사이의 짧은 시간을 살아가는 신자인 우리에게 주어진 책임은 우리의 개인적인 삶과 교회와 국가 안에서 사탄의 요새들을 무너뜨리는 것이다. 첫째는 그리스도의 능력 안에서 믿음으로 살면서 사탄의 목적을 좌절시키고, 둘째는 믿음의 열매를 맺고, 셋째는 그리스도의 진리와 승리의 복음을 다른 사람들에게 전해야 한다. 그러면 지금부터 아래의 결심들을 통해 그런 책임을 어떻게 이행해 나갈 것인지 살펴보기로 하자.

그리스도 안에 있는 당신의 정체성에 합당하게 살겠다고 결심하라

이것은 바울이 로마서 6장을 통해 신자들에게 부여한 명령이다. 바울은 11절에서 자기가 말하는 것을 "너희 자신을 죄에 대하여는 죽은 자요 그리스도 예수 안에서 하나님께 대하여는 살아 있는 자로 여길지어다"라고 요약했다. 그는 22절에서는 그리스도인인 우리가 죄에서 해방되었다고 말했고, 7절과 11절에서는 우리가 죄에 대해 죽었기 때문이라고 그 이유를 설명했다. 죄로부터의 해방은 그리스도인이라는 우리의 새로운 신분과 밀접하게 관련된다. 우리가 죄 가운데서 계속 살 수 없는 이유는 죄에 대해 죽었기 때문이다(2절).

바울은 3-5절에서 우리의 세례를 근거로 제시했다. 우리는 예수 그리스도와 합하여 세례를 받음으로써 그분의 죽음과 부활과 하나로 연합했다. 이것이 우리의 새로운 신분을 지배하는 현실이다. 즉, 우리의 신분과 관련해 우리가 알아야 할 가장 중요한 사실은 우리가 예수 그리스도와 하나가 되어 죄에 대해 죽었다가 다시 살아나 새 생명을 입은 백성이 되었다는 것이다.

바울은 로마서 5, 6장에서 죄가 단지 우리가 저지른 행위에 그치지 않고, 우리의 삶을 파괴하는 압제자 역할을 한다고 말했다. 그는 로마서 5장 21절에서 죄가 사망 안에서 우리에게 왕 노릇한다고 말했다. "이는 죄가 사망 안에서 왕 노릇 한 것 같이 은혜도 또한 의로 말미암아 왕 노릇하여 우리 주 예수 그리스도로 말미암아 영생에 이르게 하려 함이라." 또한 로마서 6장 14절에서는 "죄가 너희를 주장하지 못하리니 이는 너희가 법 아래에 있지 아니하고 은혜 아래에 있음이라"라고 말했다. 죄는 사람들을 압제자처럼 지배한다. 13절은 "너희 지체를 불의의 무기로 죄에게 내주지 말고"라고 말한다. 바울은 죄를 사람들이 자신의 몸을 무기로 내어주는 군대 지휘관처럼 묘사했다. 마지막으로 바울은 23절에서 "죄의 삯은 사망이요 하나님의 은사는 그리스도 예수 우리 주 안에 있는 영생이니라"라고 말했다. 이처럼 죄는 본질상 우리를 지배하는 군주요(5:21) 우리를 압제하는 독재자요(6:14) 우리의 몸을 무기로 사용하는 군대 지휘관이요(6:13) 마지막 날에 사망을 삯으로 지불하는 고용주와 같다(6:23).

바울은 이 모든 비유적 표현을 통해, 죄를 우리를 지배하고 다스리는 군주이자 주인으로 묘사했다. 그는 죄를 우리가 저지르는 행위나 옳게 바로잡아야 할 실수에 국한시키지 않고, 우리의 삶을 옥죄고, 우리를 다스리고, 속박하는 권세로 일컬었다. 바꾸어 말해, 그의 말은 다음과 같은 의미를 가진다. "그리스도인들이여, 우리는 그리스도와 합하여 세례를 받았다. 이는 곧 우리가 그분의 죽음과 합하여 세례를 받았다는 뜻이다. 예수님은 십자가에서 고난을 받으셨고, 자기를 죄의 권세 아래 내주셨다. 그러나 그분은 죽음으로 죄의 권세를 깨뜨리셨고, 죄를 이기고 승리하셨다. 그분의 거룩하심은 자기를 억압하는 죄의 권세를 깨뜨리셨고, 자기를 속박하던 죽음의 사슬을 끊으셨다. 그리스도께서는 부활을 통해 죄와 죽음과 사탄의 지배를 이기셨다. 은혜를 통해 예수 그리스도와 하나가 된 우리도 죄의 지배에 대한 승리를 공유한다. 우리는 죄의 권세로부터 해방되었다. 죄는 더 이상 우리의 삶을 옥죄거나 우리를 지배하거나 속박하지 못한다."

바울은 그리스도인들이 더 이상 죄를 짓지 않는다고 말하지 않았다. 그는 그리스도인들이 아무런 흠 없이 완전하다고 말하지 않았다. 그는 단지 하나님이 신자들을 어둠의 나라에서 사랑하는 아들의 나라로 옮기셨기 때문에, 예수 그리스도와 연합한 신자는 죄의 왕국과 지배와 권세와 통치로부터 자유를 얻었다고 말했을 뿐이다. 그는 로마의 신자들과 우리에게 이렇게 말한다. "너희가 어느 왕국에 속했는지 혼동하지 말라. 죄의 유혹을 받을 때, 너희가 그리스도의 왕국에 속했다는 사실을 기억하라. 사탄을 물리친 십자가를 의지하고, 죄와 사탄을 향해 꺼지라고 명령하라. 그들을 향해 '너희는 더 이상 나를 다스리지 않는다. 나는 더 이상 너희의 일꾼이 아니다. 너희는 더 이상 나의 군주가 아니다. 나는 더 이상 너희의 폭정에 시달리는 노예가 아니다. 나는 그리스도께 속했다. 그분이 나의 주인이시다. 나는 죄의 지배에 대해 죽었고, 그 악한 영향에서 벗어났다. 나는 매 순간 죄와 마귀에게 대항해 싸울 것이다.'라고 말하라."

바울의 말을 우리가 실제로 실감하기는 어렵다. 내가 죄로부터 자유로워졌다는 느낌이 들지 않는다. 그러나 때로는 나의 국적이나 나의 혼인 상태가 실감 나지 않을 때도 있지만, 그러한 것들은 나의 엄연한 삶의 현실이며 나의 행동 방식에 큰 영향을 미친다. 그와 마찬가지로 바울은 다음과 같이 말한다. "우리가 예수 그리스도와 혼인했고 그분이 자신의 죽음을 통해 우리에게 새 생명을 주셨다면, 그것이 곧 우리의 현실이다. 그런 역할을 의식하면 우리가 살아가는 방식이 크게 달라질 것이다."

사랑하는 신자들이여, 우리의 느낌과 상관없이 바울은 우리가 우리 안에 있는 "옛 사람", 곧 "죄의 몸"에 대해 죽었다고 말한다(롬 6:6). "옛 사람"은 아담의 죄를 통해 우리에게 전달된 부패한 본성을 가리킨다. 이제 우리는 그리스도의 죽음과 부활을 통해 그분께 연합되었기 때문에 옛 사람 아담이 우리를 더 이상 지배하지 못한다. 첫째 아담이 둘째 아담이신 그리스도로 대체되었다. 우리는 아담이 아닌 그리스도 안에 있기 때문에 우리의 삶은 더 이상 죄와 수치와 죄책에 지배되지 않는다. 옛 아담의 영향이 우리 안에 여전히 남아 있지만 우리의 삶을 지배하지는 못한다. 지금 우리의 삶은 우리를 예수 그리스도 안에서 새로운 피조물로 만들어 성장하게 하시는 하나님에 의해 지배된다(고후 5:19). 그리스도인으로서 우리의 삶은 아담 안의 자아 대신에 예수 그리스도께서 우리를 위해 이루신 일이 우리를 지배한다는 것을 증거한다. 예수님이 우리를 위해 하신 일이 장차 우리가 그분처럼 되는 그 날이 올 때까지 우리의 존재를 갈수록 더욱 충만하게 채운다.

로마서 6장의 요점은 사탄이 더 이상 우리의 머리나 주인이 아니기 때문에 그의 유혹에 굴복할 이유가 없다는 것이다. 우리는 그리스도 안에 있기 때문에 사탄은 우리에게도 이미 패배한 원수에 지나지 않는다. 이런 사실이 우리를 자유롭게 해준다. 이런 자유를 경험해보았는가? 1863년에 미국의 노예들을 해방하는 "노예 해방령"이 공포되었을 때, 그 사실을 곧바로 의식하지 못했던 노예들이 많았다. 그들은 여전히 노예처럼 생각하고 행동했다. 바울의 말에는 이런 의미가 담겨 있다. "우리는 그렇게 하지 말자. 우리는 하나님의 은혜로 그리스도 안에서 자유인이 되었다. 사탄이 우리를 다시 죄의 속박 아래 가두려고 유혹할 때는 '마귀야, 너는 번지수를 잘못 찾았다. 나를 원한다면 하늘에 계신 나의 주인을 찾아가야 할 것이다. 왜냐하면 나는 그분 안에 있기 때문이다. 그분이 나의 새 주인이시다. 나는 그분께 모든 충성을 바친다. 사탄아, 너는 더 이상 내 삶의 주인이 아니다. 나는 네게 집세를 낼 의무가 없다. 나는 그리스도 안에서 살아난 구원받은 죄인으로서 새로운 삶을 살기로 결심했다.'라고 말하라."

그리스도를 믿는 믿음으로
현재의 악한 세상을 이기겠다고 결심하라

요한일서 5장 4-5절은 "세상을 이기는 승리는 이것이니 우리의 믿음이니라 예수께서 하나님의 아들이심을 믿는 자가 아니면 세상을 이기는 자가 누구냐"라고 말한다. "세상을 이긴다"라는 요한의 말은 세상 사람들을 정복한다거나 우리의 동료들과의 권력 다툼에서 승리한다거나 다른 사람들을 지배한다는 의미도 아니고, 수도사나 아미시파처럼 세상을 떠나 자기들만의 공동체를 만든다는 의미도 아니다. 그리스도인들은 이 세상에 속하지는 않지만 이 세상에서 싸우라는 부르심을 받았다. 세상에서 도피하는 것은 군인이 목숨을 잃을까봐 두려워 전쟁터에서 도망치는 것과 같다. 도망치는 것은 이기는 것이 아니다.

이긴다는 것은 세상에 있는 모든 것을 인정하는 것을

의미하지도 않는다. 세상에는 용서하고 받아주어야 할 일도 더러 있지만 그렇다고 해서 악한 행위를 정당화할 수는 없다. 요한이 말하는 "세상을 이기는" 것은 악한 세상의 풍조에 맞서 믿음으로 싸우는 것을 의미한다. 다시 말해, 세상의 사고방식과 악한 관습을 뛰어넘고, 세상의 속박에서 벗어나 그리스도 안에서 주어진 자유를 끝까지 지키며, 세상이 아닌 그리스도께 충성하려고 노력하는 것을 의미한다. 그것은 아래와 같이 노래하며 오직 그리스도만을 섬기고, 그분 안에서만 자유를 찾는 것을 의미한다.

오, 주님. 저는 묶여 있으나 자유로운 주님의 종입니다.
저는 주님의 몸종의 아들이며 저의 족쇄를 주께서 깨뜨려 주셨습니다.
은혜로 구속되었으니 감사의 표시로
주님께 끊임없는 찬양을 드리렵니다.[2]

---

2. "I Love the Lord," in *The Psalter* (Grand Rapids: Reformation Heritage Books, 1999), no. 426, stanza 9.

그것은 이 세상의 모든 것을 초월하는 것, 곧 "하나님을 사랑하는 자들에게는 모든 것이 합력하여 선을 이룬다"(롬 8:28)는 것을 알고 바울처럼 어떤 상황에서든 만족하는 법을 배우는 것을 의미한다. 그것은 이 세상이나 일시적인 것이 아닌 그리스도와 영원한 것에 삶의 닻을 드리우고, 세상의 위협과 유혹과 즐거움 따위는 아랑곳하지 않고 오직 그리스도만을 위해 사는 것을 의미한다. 우리는 불평을 늘어놓는 사람들 틈에서 갈렙처럼 살아야 하고(민 14:24), 친구들이나 직장 동료들이 주님을 섬긴다는 이유로 우리를 멸시해도 조금도 흔들림 없이 평정을 유지해야 한다.

믿음으로 세상을 이긴다는 것은 자기 부정의 삶을 사는 것을 의미한다. 아브라함은 하란의 가족들과 친구들을 떠나라는 하나님의 부르심이 있자 어디로 가야 할지 모르는 상황에서도 즉각 순종했다. 그는 물이 넉넉한 요단의 평야가 눈앞에 펼쳐져 있는데도 조카 롯과는 달리 그곳으로 가게 해달라고 구하지 않았다. 또한, 이삭을 통해 하나님의 모든 언약의 약속이 이루어질 예정이었는데, 어느 날 하나님이 갑자기 그를 희생제물로 바치라고 요구하시자 그는 기꺼이 순종하는 태도로 칼을 꺼내 이삭을 죽이려고 했다. 자기 부정의 삶을 살려면 세상에서 하나님을 섬기는 동안 몇 번이고 죽을 각오를 해야만 한다.

믿음으로 세상을 이긴다는 것은 세상의 모든 박해를 인내로 감내하는 것을 의미한다. 스펄전은 "우리에게 가해지는 모든 박해를 인내로 감내함으로써 세상을 이기라. 화도 내지 말고, 낙심하지도 말라. 조롱을 당한다고 뼈가 부러지는 법은 없다. 만일 그리스도를 위해 뼈가 부러진다면 그것은 온몸에서 가장 영예로운 뼈가 될 것이다."라고 말했다.[3]

남아프리카에서 사역하는 한 선교사가 자신이 수단에서 여러 차례 체포되었던 일을 들려주었다. 그는 오줌을 들이키지 않을 수 없을 때까지 오줌통에 머리를 처박히거나 숨을 못 쉴 때까지 얼굴에 비닐봉지를 뒤집어쓰고 있는 것과 같은 "사소한 박해"를 경험했다고 말하면서 "그것은

3. C. H. Spurgeon, "Victorious Faith (sermon 2,757)," in *Metropolitan Tabernacle Pulpit* (1901; repr., Pasadena, Tex.: Pilgrim Publications, 1977), 47:593.

주님이 경험하신 것과 비교하면 아무것도 아닙니다. 우리 그리스도인들은 그리스도를 위해 박해를 받을 때마다 그것을 기쁘게 생각해야 합니다."라고 덧붙였다.

우리 가운데 대부분은 그런 박해를 경험하지 않을 것이다. 그러나 세상을 이기려면 세상의 친구가 되어서는 안 된다. 요한이 말한 대로 그리스도를 미워하는 사람들은 그분의 제자들도 미워할 수밖에 없다. 디모데후서 3장 12절은 "무릇 그리스도 예수 안에서 경건하게 살고자 하는 자는 박해를 받으리라"라고 말한다. 마귀와 속된 사람들을 친구가 아닌 적으로 삼아야 한다. 우리에게 미소를 짓는 세상은 위험한 곳이라는 사실을 잊어서는 안 된다.

그리스도의 깃발 아래에서 싸움으로써 마귀를 대적하겠다고 결심하라

야고보서 4장 7절은 "마귀를 대적하라 그리하면 너희를 피하리라"라고 말한다. "대적하다"는 저항하는 것, 곧 어떤 것과 맞서 싸우는 것을 의미한다. 우리는 항상 사탄을 대적하고, 거부해야 한다. 우리의 의지와 양심과 생각과 마음과 힘과 능력을 다해 그와 맞서 싸워야 한다. 믿음 안에 굳게 서서 하나님의 말씀을 단단히 붙잡아야 한다. 마귀에게는 그 무엇도 양보해서는 안 된다.

우리는 그렇게 하겠다는 굳은 결심으로 사탄을 대적해야 한다. 하나님의 은혜를 의지하면서 사탄의 공격이나 그 어떤 고난에도 굴복하지 않겠다고 결심해야 한다. 결심만으로도 이미 싸움에서 절반은 이긴 셈이다. 하나님을 위해 결심하면 사탄을 물리칠 수 있다. 주저하는 사람은 결심을 하지 못하고, 사탄을 집안으로 불러들일 수밖에 없다. 머뭇거리면 사탄의 책략에 걸려들 수밖에 없다. 사탄에게 조금이라도 양보하면 곧 그가 모든 것을 차지하게 될 것이다. 단호하고 굳세게 저항해야만 사탄을 물리칠 수 있다.

우리도 예수님이 사탄을 물리칠 때 사용하셨던 무기, 곧 하나님의 말씀으로 그와 싸워 이겨야 한다. 오직 하나님의 말씀만이 마귀를 도망치게 만들 수 있다.

요한은 "하나님께로부터 나신 자가 그를 지키시매 악한 자가 그를 만지지도 못하느니라"(요일 5:18)라고 말했다. 하나님의 은혜가 "우리를 지키면" 사탄은 우리를 장악할 수 없다. 기록된 말씀인 성경과 살아 계신 말씀인 그리스도를 의지함으로써 우리 자신을 지켜야 한다. 성경을 옳게 사용하면 사탄은 성경의 말씀을 이길 수 없다. 그는 그리스도와 그분의 피도 이길 수 없다. 우리가 갈보리를 바라볼 때마다 사탄은 퇴각할 수밖에 없다. 그리스도의 상처는 사탄의 가장 큰 능력보다 더 강력한 힘을 발휘한다. 바운즈는 "갈보리를 볼 때마다 사탄은 창백하게 변한다."라고 말했다.[4]

그리스도의 피가 뿌려진 마음은 사탄이 밟기를 두려워하는 거룩한 영역이다. 속죄의 피를 통해 구원을 경험하면 사탄의 공격으로부터 확실하게 보호받는다. 성경은 천국에 있는 성도들이 "어린 양의 피와 자기들이 증언하는 말씀으로써" 사탄을 이겼다고 말한다(계 12:11).

---

4. Bounds, *Satan*, 142.

그리스도를 위해 열매를 맺겠다고 결심하라

"그들의 열매로 그들을 알리라"는 예수님의 말씀은 특정한 태도와 행위를 통해 신자들을 알아볼 수 있다는 의미를 담고 있다. 예수님은 요한복음 15장에서 자기와 연합해 자기 안에 거하는 자만이 참된 열매를 맺을 수 있다고 말씀하셨다(4절). 어떤 재능이나 덕성을 소유하고 있든 상관없이 그리스도를 떠나서는 아무런 열매도 맺을 수 없다. 열매를 맺으려면 참 포도나무에 붙어 있어야 한다. 그래야만 우리 안에서 그리스도의 생명력이 솟아나 열매를 맺게 된다. 그리스도 안에 거하는 것을 방해하고 우리의 생명력을 앗아가는 모든 죄를 버리라.

빌립보서 1장 11절은 하나님이 영광을 받기 위해 우리 안에서 의의 열매가 나타나게 하신다고 말한다. 의의 열매에는 태도의 열매와 행위의 열매가 포함된다. 갈라디아서 5장 22-23절에 따르면, 태도의 열매는 사랑, 희락, 화평, 인내, 자비, 양선, 충성, 온유, 절제를 가리킨다. 이것들은 우리 안에서 존재하는 자연스러운 속성이 아니라 구원자이신 주님이 지니신 영적 속성에 해당한다. 태도의 열매가 우리의 삶 속에 존재하면 행위의 열매가 자연스레 뒤따르기 마련이다.

태도의 열매는 개별적으로 발전하지 않고, 한꺼번에 나타난다. 바울은 열매를 개별적인 의미로 말하지 않았다. 사랑에서 희락으로, 희락에서 화평으로 하나씩 발전해 가는 것이 아니다. 성령께서는 우리가 그리스도 안에 거할 때 그 모든 열매가 한꺼번에 나타나게 하신다.

행위의 열매는 하나님께 드리는 제사와 같은 역할을 한다. 히브리서 13장 15절은 "그러므로 우리는 예수로 말미암아 항상 찬송의 제사를 하나님께 드리자 이는 그 이름을 증언하는 입술의 열매니라"라는 말씀으로 감사의 찬송을 드리는 삶을 묘사했다. 로마서 15장 28절은 곤궁한 사람들을 돕는 것에 대해 말한다. 바울은 로마의 신자들이 베푼 "열매"를 이방인들에게 확증할 것이라고 말했다. 어려운 사람들에게 사랑으로 베푸는 선물은 내주하시는 그리스도의 신적 생명력에서 비롯한 것으로 행위의 열매에 해당한다. 바울은 "하나님은 즐겨 내는 자를 사랑하시느니라"(고후 9:7)라고 말했다. 골로새서 1장 10절은 "주께 합당하게 행하여 범사에 기쁘시게 하고 모든 선한 일에 열매를 맺게 하시며"라는 말씀으로 깨끗한 품행을 행위의 열매로 간주했다.

그리스도인의 삶이 참된 열매를 맺으면 사탄은 힘을 쓰지 못한다. 또한, 경건한 태도와 행위는 경건하지 못한 사람들에게까지 큰 감명을 준다. 우리가 어떻게 사느냐에 따라 하나님의 나라가 건설되기도 하고, 사탄의 왕국이 건설되기도 한다. 타락의 길로 치우친 그리스도인들은 큰 해악을 끼칠 수 있고, 열매를 맺는 경건한 그리스도인들은 선한 영향을 미칠 수 있다.

최근에 실시된 한 연구 조사에 수천 명의 교인이 참여했다. "어떤 계기로 교회에 다니기 시작했는가?"라는 질문에 한 사람의 신자가 보여준 경건한 태도나 행위에 감명을 받아 교회에 다니기 시작했다고 대답한 사람이 응답자의 90퍼센트를 웃돌았다. 만일 기독교를 믿는 신자라면 세상이 유심히 지켜보고 있다는 사실을 결코 잊어서는 안 된다.

열매를 맺는 것은 우리의 영혼 안에서 이루어지는 성령

의 구원하시는 사역에서 비롯한다. 그 사역은 우리의 생각 속에 하나님을 향한 헌신의 열정을 일깨우고, 우리의 말과 행위를 통해 밖으로 표현되어 삶 전체에 퍼져나가게 한다 (빌 2:12-13). 성령의 사역은 우리의 말과 행위와 생각과 계획은 물론, 우리의 존재 전체에 영향을 미친다. 우리가 사랑하는 것과 미워하는 것을 비롯해 우리의 침묵과 슬픔과 기쁨까지도 그 영향을 받는다. 우리의 여가, 일, 우정, 인간관계도 그 사역과 불가분의 관계를 맺고 있다.

열매를 맺는 것은 매일의 과제다. 우리의 영혼과 몸 전체가 거기에 참여한다. 열매를 맺는 것은 성경적인 경건을 실천에 옮기는 것을 의미한다. 존 칼빈은 우리의 삶 전체를 통해 "경건을 실천해야 한다. 그 이유는 우리가 거룩해지라는 부르심을 받았기 때문이다."라고 말했다.[5] 참된 경건을 실천하는 것은 그리스도를 통해 하나님께 나아가는 일평생의 과정이다(고후 3:4). 우리는 그 과정을 통해 이웃들을 그리스도께로 인도하고, 사탄의 왕국을 파괴한다.

---

5. Calvin, *Institutes*, 3.19.2.

당신은 하나님께 감사하는 마음으로 성령을 의지하며, 삶 속에서 성령의 열매를 맺으려고 노력하는가? 이 목적을 위해 영적 훈련을 부지런히 활용하는가? 삶의 모든 영역에서 거룩함의 열매를 나타내 다른 사람들이 그것을 보고 자기들도 그렇게 되기를 바라는 마음을 갖게 되기를 진정으로 바라는가? 당신의 말과 행동과 태도가 성경의 가르침에 부합하는가? 비록 완전하지는 않더라도 가족과 친구들로부터 열매를 맺는 진지한 그리스도인이라는 말을 듣고 있는가?

유혹자의 도구가 되지 않겠다고 결심하라

사탄은 우리의 생각과 감정을 자극함으로써 우리를 직접적으로 유혹하기도 하고, 가족, 친구, 직장 동료, 낯선 사람 등 다른 사람을 통해 간접적으로 우리를 유혹하기도 한다. 여기에서 다른 사람은 대개 불신자일 테지만, 바울이 로마서 14장에서 말한 대로 사탄의 도구로 전락한 신자일 수도 있다.

누군가를 죄로 유혹하는 이유는 육신을 만족시키기 위해서다. 어떤 필요나 욕망이 있을 때 자신을 만족시킬 생각으로 다른 사람을 유혹할 수도 있고, 자신의 죄책감을 달래기 위해 다른 사람을 죄에 연루시킬 수도 있다. 어떤 이유에서건 다른 사람을 죄로 유혹하는 사람은 마귀와 같을 수밖에 없다.

예수님은 다른 사람을 유혹해 죄를 짓게 만드는 사람들에게 하나님의 저주를 선언하셨다. 그분은 마태복음 18장 6-7절에서 "누구든지 나를 믿는 이 작은 자 중 하나를 실족하게 하면 차라리 연자 맷돌이 그 목에 달려서 깊은 바다에 빠뜨려지는 것이 나으니라 실족하게 하는 일들이 있음으로 말미암아 세상에 화가 있도다 실족하게 하는 일이 없을 수는 없으나 실족하게 하는 그 사람에게는 화가 있도다"라고 말씀하셨다.

예수님은 이 말씀을 하기 전에 어린아이, 특히 은혜 안에 있는 어린아이(또는 새로 회심한 사람이)가 얼마나 귀한 존재인지를 설명하셨다. 이 가르침을 확대하면 신자는 누구나 그리스도와의 관계 속에서 어린아이와 같다고 말할 수 있다. 결국 예수님은 신자와 불신자 모두에게 하나님의 자녀를 유혹해 죄를 짓게 만드는 것이 중대한 죄에 해당한다고 경고하신 셈이다. 그분의 말씀에는, 그런 일은 곧 사탄의 일을 하는 것이기 때문에 그 죄로 인한 결과를 반드시 감당해야 할 것이라는 의미가 담겨 있다.

예수님 당시에 맷돌은 밀을 갈아 가루로 만드는 데 사용된 도구였다. 맷돌의 직경은 약 30센티미터였고, 두께는 약 10센티미터 정도였다. 맷돌의 중앙에는 구멍이 나 있었고, 가장자리에는 손잡이가 달려 있었다. 이 두꺼운 돌이 다른 돌 위에 올려져 있었다. 여인들은 손잡이를 돌리면서 작은 구멍에 곡식을 집어넣어 빵을 만들 가루를 만들었다.

또 다른 종류의 맷돌은 직경이 1.5미터 정도였고, 두께도 그와 비슷했다. 이 맷돌은 너무 무거워 나귀를 이용해 움직여야 했다. 돌이 돌 위를 구르면서 곡식을 빻았다. 그러나 여기서 예수님이 말씀하신 맷돌이 작은 것인지 큰 것인지는 중요하지 않다. 말씀의 요지는 고의로 다른 신자를 유혹해 죄를 짓게 만드는 사람은 차라리 맷돌을 밧줄로 목에 매달고 바다에 뛰어들어 죽는 것이 더 낫다는 것이다. 간단히 말해, 유혹자는 살아 있는 것보다 죽는 것이 더 낫다.

예수님은 극단적인 예를 들어 신자를 타락하게 만드는 행위에 관해 저주를 선언하셨다. 하나님께 개인적으로 죄를 지은 탓에 그 죄책을 감당하는 것만으로도 충분히 악한 일이지만 다른 사람을 유혹해 죄를 짓게 만드는 것은 더더욱 악한 일이 아닐 수 없다. 유혹자는 죄를 전파하고 촉진하는 역할을 한다. 그런 유혹자는 모든 신자에게 위험한 존재다. 테러분자가 우리의 물리적인 행복을 위협하는 것처럼 사탄을 위해 일하는 사람은 우리의 영적 행복을 위협한다. 하나님은 그런 유혹자에게 다른 사람들을 죄에 빠뜨려 그들의 삶을 파괴하는 것보다는 차라리 죽는 편이 더 낫다고 말씀하신다.

예수님은 7절에서 다른 사람을 유혹해 죄를 짓게 만드는 사람들에게 저주를 선언하셨다. "화"라는 용어는 임박한 멸망을 경고하는 의미를 지닌다. 예수님은 마태복음 23장에서 이 용어를 일곱 번이나 사용해 "화 있을진저 외식하는 서기관들과 바라새인들이여"라고 엄히 꾸짖으셨다. 예수님은 마태복음 26장에서 자기를 배신할 가룟 유다를 향해 저주를 선언하셨다. 그분은 죄의 유혹은 불가피하지만 유혹의 매개체가 되는 사람에게는 화가 있을 것이라고 말씀하셨다.

예수님의 저주는 오늘날에도 계속된다. 아내를 사랑하지 않음으로써 새로 결혼한 아들에게 아내를 사랑하는 것이 중요하지 않은 것처럼 보이게 만드는 남편에게는 화가 있다. 남편에게 복종하지 않음으로써 새로 결혼한 딸에게 가장인 남편을 돕는 것이 중요하지 않은 것처럼 보이게 만드는 아내에게는 화가 있다. 가족을 부양하기 위해 술집 종업원으로 일함으로써 다른 사람들이 술로 인해 죄를 짓도록 유도하는 젊은 남자에게는 화가 있다. 유혹적인 옷차림새를 함으로써 하나님을 경외하는 젊은 남자에게 음란한 생각을 부추기는 젊은 여자에게는 화가 있다.

다른 사람들을 실족하게 만드는 사람들을 알고 있지만 그들이 아무런 화도 당하지 않는다며 이의를 제기할 사람들이 있을는지도 모른다. 그런 사람들은 유혹자들이 아무

탈 없이 잘 살고 있다며 의아해한다. 사랑하는 친구들이여, 우리가 다른 사람에 관해 알고 있는 것은 우리의 눈과 귀에 드러난 것뿐이다. 우리는 사람들이 느끼는 감정을 잘 모를 때가 많다. 그들이 어떤 고통과 고난을 겪고 있는지도 알기 어렵다. 다른 사람들을 유혹해 죄를 짓게 만든 탓에 그들의 삶과 가정이 어떻게 황폐해지고 있고, 자녀들이 어떻게 나뉘어지고 있으며, 하는 일이 어떤 어려움을 겪고 있는지는 정확하게 알 수 없다. 그 죄의 무게가 그들의 마음을 어떻게 짓누르고 있고, 그들의 생각을 어떻게 괴롭히고 있는지도 알 수 없기는 마찬가지다. 우리는 그들이 잘 살고 있는지 못 살고 있는지 알 수 없다.

핵심은 사탄의 도구가 되어 다른 사람들을 유혹해 죄를 짓게 만들어서는 안 된다는 것이다. 그런 죄를 저지르면 혹독한 대가를 치르게 될 것이다. 구원자이신 주님의 이름을 욕되게 하는 일이 없게 해달라고 날마다 기도하라. 부지중에 다른 사람들의 신앙생활을 방해해 실족하게 만들었다면 하나님의 용서를 구하라.

질문

1. 그리스도와 합하여 죽었다가 부활했다는 로마서 6장의 가르침은 우리에게 어떤 용기와 희망을 제공해 영적 싸움에 임하게 만드는가?

2. 세상을 이긴다는 것의 올바른 의미와 거리가 먼 개념들이 있다면 무엇인가? 세상을 이긴다는 것의 올바른 의미는 무엇인가?

3. 그리스도인이 마귀를 대적해야 하는 이유는 무엇인가? 마귀를 "대적한다"는 말은 무슨 의미인가?

4. 어떤 그리스도인이 열매를 맺는 그리스도인인가? 그리스도 안에서 열매를 맺는 삶을 통해 주어지는 큰 유익은 무엇인가?

5. 사람은 어떤 식으로 마귀의 도구로 이용되는가? 그리스도인도 그런 잘못을 저지를 수 있는가? 그런 잘못을 피하려면 어떻게 해야 하는가?

8장
교회 멤버인 우리에게 주어진 도전

사탄의 패배 이후에 예수 그리스도의 교회로 살아가면서 부딪치게 되는 도전을 감당하려면 몇 가지 결심이 필요하다.

오직 성경으로 살겠다고 결심하라

"오직 성경으로"*Sola Scriptura*는 종교개혁의 구호였다. 종교개혁자들은 성경이 창세기의 첫 장부터 요한계시록의 마지막 장에 이르기까지 성령의 영감으로 기록된, 완전하고 충족하고 명료하고 권위 있고 무오한 하나님의 말씀이라고 가르쳤다. 교회 안에서 사탄을 물리치려면, 교회가 완전하길 기대하지 말고 오히려 성경의 가르침에 따라 교회를 개혁해 나감으로써 교회가 완전을 향해 나아가도록 도와야 한다. 성경은 율법과 복음, 교리와 설교, 인도와 권위의 원천이다. 성경을 교회의 시금석과 무오한 규범으로 삼아 사탄을 물리쳐야 한다.

교회가 성경의 무오성과 무류성과 권위를 확증하는 것만으로는 충분하지 않다. 교회는 성경을 비신화하는 것들, 여성 사역, 동성 결혼을 허용하는 직분자들을 용납해서는 안 된다. 교회는 아버지가 자녀들에게 말하는 것으로서 하나님이 성경을 통해 우리에게 말씀하시는 것을 경험해야 한다. 하나님은 자신의 말씀을 진리와 능력으로 우리에게 허락하셨다. 교회의 가르침과 고백과 영적 경험과 삶이 성경에 근거해 이루어질 때, 복음은 "구원을 주시는 하나님의 능력"이 된다(롬 1:16).

하나님의 말씀은 사탄과 그의 왕국을 대적하기 위한 교회의 가장 강력한 무기다. 청교도 존 콜린스는 "다윗과 같은 하나님의 용사들이 골리앗과 같은 심각한 오류를 파하기 위해 던진 돌은 모두 성경에서 비롯했다."고 말했다.[1] 사탄은 성령의 검, 곧 하나님의 말씀을 가장 두려워한다. 오늘날의 교회가 시급을 다퉈야 할 일은 말씀의 변화시키는 능력을 나타내는 일이다. 가정과 학교와 직장과 지역사회와 시장에서 이루어지는 교인들의 삶을 통해 말씀의 능력이 분명하게 드러나야 한다. 교인들은 진지하고 겸손한 태도로 다른 책들을 통해서도 지식을 얻거나 삶을 개혁할수 있지만, 그들을 변화시켜 그리스도의 형상을 닮게 만드는 책은 오직 하나, 곧 성경뿐이라는 사실을 신실하고 겸손하게 보여주어야 한다. 성경을 위한 싸움에서 승리를 거두려면 우리는 그리스도의 살아 있는 편지가 되어야 한다 (고후 3:3). 성경을 비판하거나 옹호하는 데 쏟아붓는 힘의 절반만 성경을 알고 실천하는 데 사용한다면, 지금보다 훨씬 더 많은 사람들이 말씀의 변화시키는 능력을 경험하게 될 것이다.

---

1. *Farewell Sermons of Some of the Most Eminent of the Nonconformist Ministers* (London: Gale and Fenner, 1816), 316.

오늘날의 교회는 더욱 말씀 중심적인 자세로 설교와 기도와 예배와 삶에 열정을 쏟아야 할 필요가 있다. 헨리 스미스는 "하나님의 말씀을 규칙으로 삼아 항상 우리 앞에 두어야 한다. 성경이 가르치는 것 외에는 그 무엇도 믿지 말고, 성경이 규정한 것 외에는 그 무엇도 사랑하지 말며, 성경이 금한 것 외에는 그 무엇도 미워하지 말며, 성경이 명령한 것 외에는 그 무엇도 하지 말라."고 말했다.[2] 말씀이 교회 안에서 중심을 차지하면 사탄은 굴복하지 않을 수 없다. 그렇게 되면 존 플라벨이 말한 것을 경험할 수 있다. 그는 "성경은 가장 좋은 삶의 길과 가장 고귀한 고난의 길과 가장 큰 위로가 뒤따르는 죽음의 길을 가르친다."라고 말했다.[3]

개인적으로 성경을 알고, 사랑하고, 실천하는가? 하나님의 말씀을 열심히 배우고, 즐기는가? 에스겔처럼 "그것이

---

2. Henry Smith, "Food for New-Born Babes," in *The Works of Henry Smith: Sermons, Treatises, Prayers, and Poems* (Edinburgh: James Nichol, 1866–1867), 1:494.

3. Blanchard, *Complete Gathered Gold*, 49.

내 입에서 달기가 꿀 같더라"(겔 3:3)라고 말할 수 있는가? 성경을 다른 무엇보다 더 사랑하는가, 아니면 신문을 읽거나 인터넷을 검색하는 데 더 많은 시간을 소비하는가? 성경은 우리를 비추는 거울이요(약 1:22-25), 우리의 행위를 위한 규칙이며(갈 6:16), 우리의 행실을 깨끗하게 하는 물이고(시 119:9), 의심과 두려움을 극복하게 도와주는 조언자이며(시 119:24), 우리를 풍요롭게 하는 기업이다(시 119:111). 우리의 양심이 루터처럼 하나님의 말씀에 사로잡혀 있는지 살펴보라.

그리스도의 주재권을 믿는 구원 신앙으로 열심히 봉사하며 살겠다고 결심하라

그리스도의 주재권을 믿는 믿음은 교회의 사역을 지지하는 지주대다. 그런 믿음이 있으면 교회가 전쟁 중이라는 것을 결코 잊지 않으며, 영적 싸움의 와중에서도 평화를 누릴 수 있다. 참된 그리스도인은 그리스도 안에 거한다. 그리스도께 속해 있으면 사탄과 그의 세력을 물리칠 수 있는 능력이 생겨난다. 교회가 그리스도 안에 있으면 시대가 아무리 암울해도 안전할 수 있다. 하나님의 백성이 항상 낙관적인 태도를 유지할 수 있는 이유는 구원자이신 주님이 승리자이시기 때문이다. 그분은 유다 지파의 사자이시고, 베들레헴의 말구유에서 태어난 전능하신 하나님이시다. 그분은 마지막 날이 이를 때까지 악의 세력에 대한 정복을 멈추지 않으신다. 그분은 자기 교회를 향해 "하나님을 믿으니 또 나를 믿으라"(요 14:1)고 말씀하시고, 교회는 "항상 우리를 그리스도 안에서 이기게 하시는 하나님께 감사하노라"(고후 2:14)라고 대답한다.

교회가 그리스도께서 주님이시라는 사실을 굳게 믿고 구원자이신 그분의 깊은 사랑을 받아 누리며 그분과 날마다 교제를 나누면, 그 앞길이 환할 것이다. 그런 교회는 그리스도께서 사탄보다 강하시고, 지옥의 귀신들이 모두 달려들어도 자기를 성부 하나님의 손에서 빼앗아 갈 수 없다는 것을 잘 알고 있다.

우리는 교회가 주님께 속해 있다는 사실을 알고, 교회를 그분의 손에 의탁해야 한다. 그리스도께서는 "내 교회

를 세우겠다"고 약속하셨다(마 16:18). 주권자이신 그리스도
께서 승리하실 것이다. 그래서 루터는 이렇게 말할 수 있
었다. "우리 주 하나님이 자기 교회를 세우셨다면 그것을
친히 보호하고 유지하실 것이 분명하다. 왜냐하면 우리의
힘으로는 교회를 보호하거나 옹호할 수 없기 때문이다…
하나님은 '내가 말했으니 내가 이루리라'고 말씀하신다."[4]
루터는 그리스도께서 자기 교회를 다스리신다고 확신했
다. 교회는 하나님의 일터다. 하나님은 교회 안에서 큰 믿
음과 근면한 사역을 일으키신다.

예수 그리스도는 교회의 중보자요 사역자요 보증인이
요 주인이시다. 그분은 죄인들을 불러 자기 교회를 세우
신다. 그분은 자신의 능력으로 죄인들을 변화시키고, 자기
이름을 고백하도록 이끄시며, 삶을 헌신하도록 독려하신
다. 음부의 권세는 하나님의 교회를 이길 수 없다(마 16:18).
역사를 돌아보면 교회가 어둠의 권세에 압도당하는 것처
럼 보였을 때도 항상 살아남아 더욱 성장했던 것을 알 수

---

4. Luther, *Table Talk*, 169.

있다. 플라벨은 "교회가 죽기도 전에 매장을 서두르지 말라. 교회가 죽었다고 포기하지 말고 그리스도께서 능력을 나타내 보이실 때까지 끝까지 버티라. 숲이 온통 불길에 휩싸이더라도 그 안에 거하시는 주님의 선한 의지 때문에 완전히 불타 없어지지는 않을 것이다."라고 말했다.[5]

교회는 간혹 비틀거릴지라도 궁극적인 승리를 얻을 때까지 역사를 뚫고 계속 행진할 것이다. 그 이유는 주님이신 예수 그리스도께서 교회의 승리를 보장하시기 때문이다. 그분은 교회를 부적절하다고 내치지 않으실 것이다. 개개의 교회가 문을 닫고 교단들의 세력이 쇠퇴하더라도, 그리스도의 교회는 계속 성장하며 번영할 것이다. 벨직 신앙고백은 "아합의 위험한 통치가 이루어지는 동안에도 주님이 바알에게 무릎을 꿇지 않은 7천 명을 보존하셨듯이, 기룩한 교회도 때로 잠시 사람들의 눈에 매우 하찮고 아무것도 아닌 것처럼 보이고 세상이 온통 사납게 날뛰더라도 하나님에 의해 보존되고 보호될 것이다."라고 진술했

---

5. Flavel, *A Saint Indeed*, in *Works*, 5:449.

다.[6]

하나님의 관점으로 교회를 바라보는 법을 배우면, 우리가 지역 교회 안에서 씨름하는 문제들 가운데 대부분이 사소하게 보일 것이다. 예를 들어, 이스라엘 백성은 폐허가 된 예루살렘을 보았지만, 하나님은 재건된 성벽을 보셨다(사 49:16). 우리는 분열로 갈라진 교회를 보지만 하나님은 성부에게 선택받고(엡 1:3-6), 성자를 통해 구원받고(엡 1:7), 성령을 통해 양자로 입양된(롬 8:15) 교회를 보신다. 교회가 영광스러운 이유는 하나님의 계획 속에서 교회가 차지하는 역할 때문이다(엡 3:10-11). 교회는 거룩하고(엡 2:10), 하나님 앞에 담대히 나갈 수 있다(히 4:16). 교회는 장차 영광스러운 기업을 물려받을 것이다(엡 1:14, 18). 존 뉴턴은 이렇게 노래했다.

시온성과 같은 교회 그의 영광 한없다.

---

6. Belgic Confession of Faith, art. 27, in *Reformation Heritage KJV Study Bible*, 1981.

허락하신 말씀대로 주가 친히 세웠다.

반석 위에 세운 교회 흔들 자가 누구랴.

모든 원수 에워싸고 아무 근심 없도다.[7]

참된 그리스도인들은 세상에서 가장 오랫동안 번영을 구가해 온 기관의 구성원들이다. 다니엘 레이는 "세상의 그 어떤 집단이나 사상운동이나 기관도 하나님의 교회가 지니는 영광과 탁월함과 영예와 아름다움과 장엄함과 기이함과 위엄과 뛰어남과 찬란함에는 미치지 못한다."고 말했다.[8] 우리는 주님을 위한 수고가 결코 헛되지 않을 것이라는 사실을 기억하고(고전 15:58) 온 마음을 다해 교회를 섬기고 교회를 통해 그리스도를 섬겨야 한다.

교회는 요트가 아닌 고기잡이배이고, 성인聖人들을 위한 박물관이 아닌 죄인들을 위한 병원이다. 우리는 현재 진행 중인 사역, 곧 그리스도께서 약속하셨고 자신의 피로 값을

---

7. John Newton, "Glorious Things of Thee Are Spoken," stanza 1.

8. Daniel Wray, *The Importance of the Local Church* (Edinburgh: Banner of Truth Trust, 1981), 4 - 7.

치르신 일에 헌신해야 한다. 금덩이에는 항상 불순물이 섞여 있기 마련이지만 결국에는 귀한 금을 얻을 수 있다. 우리는 궁극적으로 성공을 거둘 수 있는 가치 있는 일에 삶을 투자해야 한다. 교회의 사역은 결코 헛되지 않을 것이다. 교회의 사역은 인간의 생각과 노력의 산물이 아니라 그리스도 안에 나타난 하나님의 주권적인 은혜의 산물이다.

교회를 세우겠다는 그리스도의 약속은 성취되어 가는 중이다. 심판의 날이 이르기까지 교회는 항상 건축 중이다. 여느 건설 현장과 마찬가지로 교회를 건축하는 현장도 깨끗하거나 인상적이지 않을 수 있다. 벽돌과 합판과 보기 흉한 홈들과 쓰레기와 잡동사니와 버려진 도구들이 여기 저기 흩어져 있을 수 있다.

그런 혼란스러운 광경만을 바라보면 실망하기 쉬울 것이다. 교회 안에는 아직 완성되지 않은 사람들, 곧 결점과 약점이 가득한 사람들이 많다. 그런 모습보다 더 나은 무언가를 찾는다면 낙심할 수밖에 없다. 우리의 기대에 미치지 못하는 사람들을 비판하지 말고, 장화와 작업복과 헬멧을 착용하고, 건설 현장에 뛰어들어 부지런히 일해야 한다.

또한 우리는 힘들게 일해도 큰 성과가 나타나지 않을 때가 많을 수 있다는 것을 기억해야 한다. "기도하고 일하라*Ora et labora*"가 우리의 노동가가 되어야 한다. 라일은 "그리스도의 교회에는 온갖 종류의 종들과 모든 형태의 도구들이 필요하다. 큰 칼은 물론 작은 칼도 있어야 하고, 망치는 물론 도끼도 있어야 하며, 마리아와 같은 사람들은 물론 마르다와 같은 사람들도 있어야 하고, 요한과 같은 사람들은 물론 베드로와 같은 사람들도 있어야 한다."고 말했다.[9] 교회의 일을 하다 보면 많은 어려움에 직면할 테지만, 교회가 장차 신랑이신 주님을 위해 주름도 없고 흠도 없이 아름답게 치장한 신부가 될 것이라는 사실을 기억하고 끝까지 밀고 나가야 한다. 매튜 헨리는 "교회는 세상을 이기고 생존할 것이며, 세상이 폐허로 변했을 때 지복을

---

9. J. C. Ryle, *Expository Thoughts on the Gospels: St. John, Volume 3* (London: William Hunt and Co., 1873), 477 (John 21:1–14).

누리게 될 것이다."라고 말했다.[10] "사람들이 교회의 파멸을 예상할 때 하나님은 교회의 구원을 준비하신다."[11]

그리스도께서는 말씀으로 사탄을 물리치셨고, 교회를 향해 온 세상에 말씀을 전파해 자신의 목적을 이루라고 명령하셨다. 서로를 사랑하고, 주님의 명령에 복종하며, 모든 결과를 주님의 주권적인 손길에 의탁하는 것이 교회의 특권이다. 교회는 세상이 노아의 시대처럼 흉흉할지라도 하나님의 말씀이 결코 헛되이 되돌아오지 않을 것을 알고 안심해야 한다(사 55:11). 우리는 하나님이 추수꾼이시고, 그분의 손을 통해 추수가 이루어질 것을 알고, 두려움 없이 담대하게 일해야 한다. 그런 사실을 망각하면 의심과 두려움과 공포에 사로잡힐 수밖에 없다. 그러나 그런 사실을 믿고 열심히 일하며 복음을 땅끝까지 전한다면, 사탄이 조만간 우리의 발아래 짓밟히게 될 것을 알고 믿음으로 순종하며 기뻐할 수 있을 것이다.

---

10. *Matthew Henry's Commentary* (Peabody, Mass.: Hendrickson, 2003), 3:335 (Ps. 46:1–5).

11. *Matthew Henry's Commentary*, 1:217 (Ex. 2:1–4).

교회의 개혁과 부흥을 위해 살겠다고 결심하라

사탄을 궁지에 몰아넣으려면, 교회는 계속해서 개혁되기 위해 분투해야 한다. 교회는 개신교 종교개혁 이후로 잃어버린 것을 회복해야 한다. 16세기 종교개혁자들은 크게 네 가지를 개혁하려고 힘썼다. 첫째는 예배의 개혁이었다. 칼빈이 예배의 개혁을 가장 기초적인 전쟁터로 간주했다. 그 이유는 예배 안에서 교회가 그 가장 온전한 표현에 도달하기 때문이다. 우리는 아담 안에서 죽었고 그리스도 안에서 되살아났다는 성경의 온전한 가르침을 가감 없이 전하는 설교를 중심으로 하는 예배, 종교개혁이 외쳤던 영과 진리로 드리는 예배, 단순하고 성경적인 예배로 되돌아가는 것이 절실히 필요하다. 사람들을 예배에 참여하게 만들려고 일시적인 속임수를 사용하는 교회들이 너무나도 많다. 사람들을 교회 안에 붙잡아 놓기 위해 속임수를 사용하면 그 후로도 계속해서 속임수를 사용할 수밖에 없다. 사탄은 말씀 중심적이고 그리스도 중심적인 예배를 저버린 교회들은 안중에 두지 않는다. 그는 그런 교회들과 싸우지 않는다. 밴스 하브너는 "사탄은 그런 교회들과 한패가 될 것이다. 그는 알곡을 뽑아내는 것보다 가라지를 뿌림으로써 더 큰 해악을 끼친다. 그는 노골적인 반대보다는 적절한 모방을 통해 자신의 목적을 더 많이 달성한다."라고 말했다.[12]

둘째는 하나님, 인간, 구원, 성령의 사역에 관한 성경적인 가르침을 회복하기 위한 교리의 개혁이었다. 오늘날의 교회는 종교개혁의 기본 원리를 회복해야 할 필요가 있다. 그런 기본 원리에는 다섯 가지 "오직!"solas을 비롯해 칼빈주의 5대 교리, 은혜의 언약, 그리스도의 주재권, 성령의 구원 사역, 하나님의 초월적인 주권 등이 포함된다.

셋째는 교회의 정치 제도와 권징의 개혁이었다. 이와 관련된 기본 원리는 그리스도께서 교회의 유일한 머리라는 것이다(골 1:18). 그분은 교회 안에 통치 제도를 확립하고(마 16:19), 그것을 직분자들에게 위탁하셨다(엡 4:11-12). 직분자들은 교회의 안녕을 위해(딛 1:5) 성경적이고, 영적인 권위

---

12. Blanchard, *Complete Gathered Gold*, 555.

와 권징을 행사한다(마 28:19-20; 요 18:36). 교회의 권징은 죄를 예방하고 교정하는 역할을 한다. 칼빈은 권징을 참 교회의 세 번째 표징으로 일컬었다. 그는 권징의 열쇠가 방치된 채 녹이 슬면 교회의 다른 두 가지 표징(순수한 말씀의 선포와 성례의 올바른 집행)도 치료약으로서의 효과를 발휘하지 못할 것이라고 말했다. 오늘날에는 권징의 열쇠를 아예 사용하지 않거나, 사랑 없이 가혹하게 사용하는 교회들이 많다. 심지어는 권징을 행사하더라도 너무 늦게 행사할 때가 적지 않다. 권징을 행사하면 권징의 대상이 되는 사람의 친척들이나 친구들의 완강한 반대에 부딪히기도 한다.

마지막으로, 종교개혁자들은 건전한 교리에 근거한 경건을 추구했다. 그들은 신학적인 이해와 실천적인 경건이 불가분의 관계를 맺고 있다고 믿었다. 칼빈은 포괄적인 형태의 경건*pietas*을 발전시켰다. 그것이 그가 《기독교 강요》를 저술한 일차적인 이유였다. 내가 다른 곳에서 말한 대로 칼빈이 가르친 경건은 기도, 회개, 자기 부정, 십자가를 짊어지는 삶, 순종과 같은 실천적인 행위를 통해 분명하게 드러난다.[13] 아울러 경건은 그리스도와의 연합, 칭의, 성화와 같은 신학적인 교리들을 통해서나 교회적인 문제를 통해서도 분명하게 드러난다. 칼빈은 교회 안에서의 경건을 내적인 사역자(성령)가 외적인 사역자(설교자)를 통해 설교한 말씀의 경건으로 자주 언급했다. 그는 율법 안의 경건, 성례 안의 경건, 시편 찬송 안의 경건에 대해서도 자주 말했다. 종교개혁의 가르침 가운데 가장 잘 망각되고 무시되는 가르침이 있다면, 바로 포괄적이고 성경적인 경건으로 돌아가라는 외침일 것이다.

종교개혁자들은 이 네 가지 분야에서 개혁이 이루어져야 한다고 굳게 확신했다. 그들은 무엇이든 효과만 있으면 흘러가는 대로 그대로 놔두는 실용주의자들이 아니었다. 그들은 교회를 근본부터 철저하게 개혁했다. 그들은 성경적인 예배, 건전한 신학, 충실한 정치 제도, 포괄적인 경건을 토대로 교회를 재건하려고 노력했다.

---

13. Joel R. Beeke, "Calvin on Piety," in *The Cambridge Companion to John Calvin*, ed. Donald K. McKim (Cambridge: Cambridge University Press, 2004), 125-52.

오늘날의 교회도 개혁하는 교회가 되기 위해 분투해야 한다. 교회는 사람들이 원하는 모습이 되려고 애써서는 안 된다. 교회가 세상을 변화시키기 원한다면 먼저 교회부터 바로잡아야 한다. 교회는 성경이 요구하는 기관(곧 영과 진리로 주님을 예배하고, 그분의 나라를 위해 사역하기 위해 따로 구별된 사람들)이 되려고 노력해야 한다.

또한 교회에는 부흥이 필요하다. 교회 개혁을 원하는 사람들이 부흥의 필요성을 간과할 때가 너무나도 많다. 부흥이 없으면, 교회의 개혁은 냉랭한 형식에 그치기 쉬울 뿐 아니라 심지어는 파괴적인 결과를 가져올 수도 있다. 심령이 새로워져 하나님을 향한 사랑으로 불타오르지 않은 채 개혁에만 집착하는 사람들이 교회의 개혁을 추진할 경우에는 형식적이고, 율법적이고, 비생산적인 결과가 나타나 교회가 분열될 수도 있다. 부흥 없는 개혁은 냉혹하고 흉측한 결과를 가져올 수 있다.

사도행전 3장 19절은 부흥이란 주님의 임재를 통해 주어지는 "새롭게 되는 날"이라고 말한다. 부흥이 일어나면 성령께서 놀라운 방식으로 죄인들에게 임하신다. 참된 부흥은 다른 기독교를 만들어 내지 않고, 참된 기독교에 새 생명을 불어넣는다. 그런 부흥은 교회의 일반적인 경험과 크게 다르지 않다. 차이가 있다면 단지 정도의 차이일 뿐이다. 성령이 임하시면 많은 사람이 거듭난다. 하나님의 백성들이 보통 때보다 더 빠르게 영적으로 성장하고, 영적 영향력이 더욱 광범위하게 퍼지며, 죄의 확신이 더욱 깊어지고, 감정이 더욱 강렬해지며, 하나님의 임재에 대한 의식이 더욱 분명해지고, 그분과 다른 사람들을 향한 사랑이 더욱 증대된다. 부흥은 이 모든 기독교의 표징을 가일층 강화한다.[14]

개혁은 부흥을 필요로 하고, 부흥은 개혁을 필요로 한다. 지속적인 개혁이 없으면 비성경적인 남용과 이상한 현상들과 거짓 회심으로 부흥이 그릇된 길로 치우칠 수 있다. 부흥이 일어나면 가라지와 알곡이 나란히 함께 자라지만, 그 부흥에 개혁이 동반되지 않으면 가라지가 왕성하게

---

14. Iain H. Murray, *Revival and Revivalism: The Making and Marring of American Evangelicalism, 1750–1858* (Edinburgh: Banner of Truth Trust, 1994), 23.

퍼지기 시작한다. 부흥이 끝난 뒤에 쭉정이를 골라내는 키질이 종종 필요한 이유는 부흥이 사람의 영향을 받을 때가 많기 때문이다.[15]

참된 부흥도 나타나는 양상이 제각각 다르다. 그러나 사도행전에 기록된 신약성경의 영적 부흥에서부터 교회의 역사 속에 나타난 큰 부흥(예를 들면, 16세기의 종교개혁, 1740년대의 대각성 운동, 1850년대의 세계적인 부흥 운동 등)에 이르기까지 참된 부흥에는 다음과 같은 표징들이 뒤따른다.

- **성령의 주권적인 사역**. 참된 부흥의 시작과 깊이와 시기와 회심자들의 숫자는 하나님이 결정하신다(행 2:47, 13:48).

- **주목할 만한 기도의 부어짐**(행 1:14).

- **교회 안에서 시작되는 영적 운동**. 참된 부흥은 대개 이미 거듭난 사람들의 각성과 자각을 통해 교회 안에서부터 먼저 시작한다(행 2:2-4).

---

15. Murray, *Revival and Revivalism*, 82 – 85.

- **성경적인 설교**. 부흥이 일어날 때는 성경적인 설교가 두드러지게 나타난다. 부흥을 촉발시킨 베드로의 오순절 설교는 모두 스물두 개의 구절로 이루어졌는데 그 가운데 절반인 열두 구절이 시편과 선지서를 인용한 내용이다.

- **회개**. 부흥은 사람들의 영혼을 정직하게 다룬다. 즉, 진리의 재발견과 더불어 회개의 촉구가 이루어진다(행 2:38). 개혁과 부흥은 함께 간다.

- **믿음**. 참된 부흥이 일어나면 믿음의 능력이 진리의 능력과 회개와 함께 결합한다(행 2:39).

- **그리스도 중심주의**. 부흥은 경험적 측면에서 항상 그리스도 중심적인 특성을 띤다.

- **복음 전도**. 교회가 부흥하면 복음이 곳곳으로 퍼져나간다(행 13:48-49).

- **사랑**. 부흥은 하나님의 영광과 다른 사람들의 영혼을 사랑하는 마음을 크게 고무한다.

개혁 없는 부흥은 빛이 없는 열기, 즉 건전한 지식이 결여된 열정만을 부추긴다. 교회 안에서 사탄을 물리치려면 개혁과 부흥을 둘 다 구해야 한다. 개혁을 일으키는 부흥, 부흥을 일으키는 개혁을 간구해야 한다. 먼저 자기 자신에게 개혁과 부흥을 진정으로 원하는지 자문해야 한다. 그리스도 안에서 참된 경건을 실천하며 살려고 노력하는가? 그리스도의 몸의 지체로서 부르심을 받은 대로 합당한 삶을 살고 있는가? 개인적인 경건 시간이나 가정 예배를 통해 그런 삶이 잘 반영되고 있는가? 은혜의 수단을 충실하게 활용하는가? 진정 어린 기대감과 신앙심 깊은 열심으로 예배와 기도 모임과 그 밖의 여러 가지 교회의 사역에 참여하는가? 위대하신 하나님에게서 위대한 일을 기대하는가? 여러 주 동안 회심의 징후가 나타나지 않으면 조지 횟필드처럼 근심 어린 태도로 "주님, 무엇이 잘못되었나요?"라고 기도하는가?

그리스도 앞에서 하나 된 삶을 살겠다고 결심하라

어느 날, 한 교인이 당혹스러운 목소리로 내게 전화를 걸어 왔다. 그녀는 비행기를 탔는데 자기 옆에 앉은 한 남자가 기도를 하고 있었다고 말했다. 그가 기도를 마치자 그녀는 상냥한 목소리로 "그리스도인이신가요?"라고 물었다.

그러자 그는 "아니요."라고 퉁명스럽게 대답했다.

"선생님이 기도하고 있는 줄로 생각했어요." 그녀가 말했다.

"물론 그랬죠." 그가 말했다.

그녀는 잠시 후에 "선생님, 누구에게 기도했는지 물어봐도 될까요?"라고 말했다.

그는 잠깐 뜸을 들이더니 "사탄에게 기도했습니다."라고 대답했다.

그녀는 깜짝 놀라면서 "도대체 무엇 때문에 사탄에게 기도했나요?"라고 말했다.

그는 "이번 주에 미국에서 최소한 30명의 목회자와 교인들의 관계를 끊게 만들어 달라고 기도했습니다."라고 대답했다.

그녀는 어안이 벙벙했다. 그녀는 내게 "그 남자는 기도할 때 매우 진지해 보였어요. 심지어 내가 기도할 때보다 훨씬 더 진지해 보였어요."라고 말했다.

사탄은 분열시키는 것, 곧 그리스도의 몸을 갈라놓는 것을 좋아한다. 사탄의 공격을 물리치려면 그리스도 안에서 교회의 일치를 이루려고 노력해야 한다. 우리는 의사소통을 잘하고, 서로를 이해하려고 노력해야 한다. 우리는 교회를 불필요하게 갈라놓으려는 사탄의 시도를 강력히 거부해야 한다.

니케아 신조는 "하나의 교회*unam ecclesiam*"를 고백했다. 이것은 교회가 하나의 반석, 곧 한 분이신 메시아와 하나의 신앙고백 위에 설립되었다는 의미를 지닌다. 웨스트민스터 신앙고백은 교회의 일치가 예수 그리스도 안에 놓여 있다고 말했다. "보이지 않는 보편 교회는 과거와 현재는 물론, 앞으로 계속해서 교회의 머리이신 그리스도 아래에서 하나로 모이게 될, 선택받은 모든 사람들로 구성되어 있다. 교회는 만물을 충만하게 하시는 이의 신부이자 몸이요 충만이다."[16] 교회가 그리스도의 몸이고, 그분이 교회

---

16. Westminster Confession of Faith, 25.1, in *Reformation Heritage KJV*

의 머리시라는 사실은 그리스도와 교회가 상호 보완적인 기능을 한다는 의미를 담고 있다(골 1:18). 머리와 몸은 따로 떨어져 존재할 수 없다.

빌헬무스 아 브라켈은 교회와 그리스도는 서로를 소유한다고 말했다. 그들의 결합은 교회에 주어진 그리스도의 선물, 그리스도께서 교회를 위해 값 주고 사신 승리, 교회 안에 거하시는 성령, 그리스도에 대한 교회의 믿음의 복종과 사랑을 통해 확증된다.[17] 교회 없는 그리스도를 생각하는 것은 하나님이 거룩한 연합을 통해 하나로 결합한 것을 둘로 쪼개는 행위에 해당한다.

교회는 우리가 경험하는 그 어떤 유기적인 관계보다 더욱 밀접하게 그리스도와 유기적으로 결합되어 있다. 교회는 그리스도 안에 뿌리를 박고 세움을 받으며(골 2:7), 그리스도로 옷 입었기 때문에(롬 13:14) 그리스도 없이 홀로 존

Study Bible, 2046.

17. Wilhelmus à Brakel, *The Christian's Reasonable Service*, ed. Joel R. Beeke, trans. Bartel Elshout (Grand Rapids: Reformation Heritage Books, 1993), 2:87–90.

재할 수 없다(빌 1:21). 리처드 후커는 "하와가 아담 안에 있었던 것처럼 교회는 그리스도 안에 있다."고 말했다.[18]

그리스도의 몸에 속한 지체들은 모두 서로 연결되어 있다. 그 이유는 그들의 머리가 하나이기 때문이다(고전 12장). 벨직 신앙고백이 진술하는 대로, 그리스도를 유일한 주님으로 고백하는 참 신자들은 "동일한 영과 믿음의 능력과 한마음과 한뜻으로 연합되어 있다."[19] 그들은 하나님의 한 가족이요 그리스도의 공동체로서 하나로 연합되어 성령의 교제에 함께 참여한다. 복음도 하나요(행 4:12), 계시도 하나요(고전 2:6-10), 세례도 하나요(엡 4:5), 성찬도 하나다(고전 10:17).

A. A. 핫지는 "하나님이 한 분이시라면 교회도 하나일 수밖에 없다. 그리스도께서 한 분이시라면 교회도 하나일 수밖에 없다. 십자가가 하나라면 교회도 하나일 수밖에 없

---

18. Richard Hooker, *Laws of Ecclesiastical Polity*, 5.56, in *The Works of That Learned and Judicious Divine, Mr. Richard Hooker*, ed. John Keble (New York: Appleton and Co., 1844), 1:403.

19. Belgic Confession, art. 27, in *Reformation Heritage KJV Study Bible*, 1981.

다. 성령께서 한 분이시라면 교회도 하나일 수밖에 없다."고 말했다.[20] 신약성경은 하나인 교회에 속한 신자들을 세상의 소금, 거룩한 성전, 새로운 피조물, 거룩하게 된 종, 하나님의 아들, 사탄을 대적하는 자로 묘사했다. 그들은 하나의 포도나무에 매달린 많은 가지들이요, 하나의 우리에 속한 많은 양들이요, 하나의 건물에 속한 많은 돌들이다. 베드로는 교회를 가리켜 "너희는 택하신 족속이요 왕 같은 제사장들이요 거룩한 나라요 그의 소유가 된 백성이니 이는 너희를 어두운 데서 불러 내어 그의 기이한 빛에 들어가게 하신 이의 아름다운 덕을 선포하게 하려 하심이라"(벧전 2:9)라고 말했다.

교회가 그리스도 안에서 하나가 되었다는 근본적인 현실은 그리스도로 인해 이루어진 것이기 때문에 절대로 무너지지 않는다. 그러나 표면적인 교회의 일치는 이따금 깨어질 수 있다. 그런 일이 일어났을 때는 부끄럽게 여겨 슬

---

20. A. A. Hodge, *Evangelical Theology* (1890; repr., Edinburgh: Banner of Truth Trust, 1976), 174.

퍼해야 마땅하다. 교회가 분열하는 이유는 사도들이 가르친 일치를 유지하지 못하고, 그리스도께 불충실하기 때문이다. 교리적인 순수함과 삶의 순결함을 등한시하고(딤전 6:11-21), 자치성autonomy을 고집하고(고전 1:10-17), 파벌을 조성하고(고전 3장), 권력을 탐하고(요삼 9절), 화목하기를 꺼리고(마 5:23-26), 교회의 권징을 충실하게 시행하지 않고(마 18:15-20), 어려움을 당한 신자들을 돕지 않는(마 25:31-46) 죄들이 그리스도의 몸을 갈라놓는다.

그러나 신자들의 불화로 인해 교회의 일치가 깨지더라도 그리스도의 참된 가족이라는 현실은 조금도 변하지 않는다. 한 가족에 속한 형제자매들은 때로 불화하며 다투기도 하지만 한 식구라는 사실에는 여전히 아무런 변화가 없다. 교회는 많은 지체들로 구성되어 있지만 그리스도 안에서 한 몸이다(롬 12:3-8; 고전 12:27). 교회는 하나님을 아버지로 섬기는 한 가족이고(엡 4:6), 성령 안에서 서로 하나가 되어 교제를 나눈다(행 4:32; 엡 4:31-32). 바울은 에베소 교회의 신자들에게 "몸이 하나요 성령도 한 분이시니 이와 같이 너희가 부르심의 한 소망 안에서 부르심을 받았느니라 주도 한 분이시요 믿음도 하나요 세례도 하나요 하나님도 한 분이시니 곧 만유의 아버지시라 만유 위에 계시고 만유를 통일하시고 만유 가운데 계시도다"(엡 4:4-6)라고 말했다.

교회의 하나 됨을 올바로 이해하면 진리의 고백을 무시한 채 표면적인 일치만을 추구하는 오류를 피할 수 있다. 때로는 참 교회를 거짓 교회로부터 분리하기 위해 분열이 불가피할 때가 있다. 조지 허치슨은 "악에 동의하는 것보다는 분열하는 것이 더 낫다."고 말했다.[21] 그리스도의 몸의 참된 일치를 보존하기 위해서는 때로 성경의 근본 원리에 입각한 분열이 필요하다. 오류와 이단 사상을 용납하면서 표면적인 일치만을 추구하는 사람들은 이 점을 종종 망각하곤 한다. 새뮤얼 러더포드는 "마귀와의 평화보다는 그와의 전쟁이 더 낫다."고 말했다.[22]

교회의 하나 됨을 올바로 이해하면 이기심에서 비롯한 분쟁이나 사소한 교리 문제로 인한 분열을 피할 수 있다.

---

21. George Hutcheson, *The Gospel of John*, Geneva Series of Commentaries (1841; repr., Edinburgh: Banner of Truth, 1972), 209 (John 10:19 – 21).

22. Rutherford, *Trial and Triumph of Faith*, 403.

그런 분열은 그리스도의 몸의 일치를 깨뜨린다. 새뮤얼 러더포드는 "그리스도의 신비로운 몸에 작은 점이 있다고 해서 그것을 찢어 구멍을 내는 행위는 두려운 죄가 아닐 수 없다."고 경고했다.[23] 그런 분열은 자신의 가족들이 화목하게 살기를 원하시는 성부 하나님의 진노를 촉발하고, 자신의 죽음으로 반목의 장벽을 허물어뜨리신 성자를 노여우시게 하며, 신자들 안에 거하며 그들이 일치된 삶을 살도록 도우시는 성령을 근심하시게 만든다.

신자들은 교회의 몸 가운데 어느 한 부분만 건드려도 그 영향이 온몸에 미친다는 사실을 잊어서는 안 된다(고전 12장). 분열은 복음 전도를 비롯해 교회의 모든 사역에 영향을 미친다. 예수님은 요한복음 17장에서 교회가 하나가 됨으로써 하나님이 세상을 구원하기 위해 아들을 보내셨다는 사실을 온 세상이 알게 해달라고 기도하셨다. 교회의 참된 일치는 세상의 분쟁과 극명한 대조를 이루기 때문에

---

23. Samuel Rutherford, *Quaint Sermons, Hitherto Unpublished* (London: Hodder and Stoughton, 1885), 126.

성부와 성자께서 서로 하나이시라는 사실을 세상에 알리는 증거가 될 수 있다.

따라서 그리스도인들은 교회의 일치를 힘써 추구해야 한다. 존 머레이가 말한 대로 "그리스도의 몸을 분열시키는 행위가 악하다는 것을 깨달았다면 그 악을 다른 사람들에게도 주지시켜 깨닫게 하고, 그것을 바로잡기 위해 하나님의 은혜와 지혜를 간구하며, 분열을 극복할 수 있는 수단과 방법을 고안해야 한다."[24] 매튜 헨리도 "믿음의 위대한 것들 안에서 한마음을 품으라. 그러나 정서상 서로 맞지 않는 것이 있을 때는 애정 안의 일치를 추구하라."고 조언했다.[25]

비성경적인 분열에도 불구하고, 참 신자들은 외적인 분열이 모두 사라지게 될 마지막 날이 오기까지 그리스도의 몸에 속한 지체들로서 항상 하나로 연합되어 있을 것이다.

24. John Murray, "The Nature and Unity of the Church," in *Collected Writings of John Murray* (Edinburgh: Banner of Truth Trust, 1976), 2:335.

25. *Matthew Henry's Commentary*, 6:410 (1 Cor. 1:10 – 17).

천국에는 그 어떤 분열도 없다. 모든 신자가 하나가 되게 해달라는 그리스도의 기도는 장차 천국에서 온전히 성취될 것이다(요 17:20-26). 그리스도의 몸이 하나가 되어 나타나는 모습은 참으로 영광스러울 것이다(계 7:9-17). 지금은 믿음으로 희미하게 아는 것들이 그때에는 우리의 눈앞에 확연하게 드러날 것이다.

질문

1. 오직 성경만이 우리의 믿음과 순종과 예배를 위한 신성한 권위를 지닌다는 말은 무엇을 의미하는가? 이것이 기독교의 필수 요건인 이유는 무엇인가?

2. 예수 그리스도의 교회는 완전히 실패하지 않을 것이라는 그리스도인들의 확신을 뒷받침하는 근거는 무엇인가? 그런 확신은 우리에게 어떤 식으로 동기를 부여해 교회에 충실하도록 이끄는가?

3. 당신은 지역 교회에서 헌신되고 적극적으로 참여하는 멤버로 활동하는가? 만일 그렇다면 믿음의 형제자매들과 함께 영적 싸움에 어떤 식으로 동참하고 있는

가? 그리스도께서 자기의 교회를 세우겠다고 말씀하시는데도 그런 멤버가 되지 못했다면 그 이유는 무엇인가?

4. 교회에서 무엇이 성경적인 개혁이고, 무엇이 영적인 부흥인가? 개혁과 부흥 둘 다를 위해 간구해야 하는 이유는 무엇인가?

5. 무엇이 교회를 하나 되게 만드는가? 사탄이 교회를 분열시키기 위해 그토록 열심히 일하는 이유는 무엇인가? "평안의 매는 줄로 성령이 하나 되게 하신 것을 힘써 지키려면"(엡 4:3) 어떻게 해야 하는가?

9장
시민으로 살아가는 그리스도인에게
주어진 도전

마지막으로, 각국의 시민으로 살아가는 그리스도인으로서 사탄을 물리치기 위한 도전을 잘 감당하려면, 우리는 믿음으로 그리스도의 능력을 의지하면서 다음과 같이 결심해야 한다.

가능한 모든 곳에 복음의 진리를 전하겠다고 결심하라

사탄은 거짓의 아비다. 그는 거짓말쟁이이자 거짓 자체다. 그는 진리의 근원이신 하나님과 정반대다. 성부 하나님은 진리를 선포하시고(요 1:17-18), 성자 하나님은 진리의 화신이시며(요 1:17, 14:6), 성령 하나님은 우리를 진리 가운데로 인도하신다(요 16:13, 17:17). 하나님은 절대적이고 무조건적인 진리이시다. 그분은 거짓이 없으며, 거짓말을 하실 수 없다(딛 1:2; 히 6:18). 시편 111편 7-8절은 "그의 손이 하는 일은 진실과 정의이며 그의 법도는 다 확실하니 영원무궁토록 정하신 바요 진실과 정의로 행하신 바로다"라고 말한다. 진실은 하나님의 영광스러운 속성이다. 모든 거짓이 다 죄인 이유는 진리이신 하나님을 거스르기 때문이다.

하나님은 진리를 사랑하신다. 토머스 굿윈은 이렇게 말했다. "하나님이 이 세상에서 소중히 여기시는 것은 세 가지, 곧 그의 성도, 그의 예배, 그의 진리이다. 하나님이 이 가운데서 어느 것을 가장 소중히 여기시는지는 말하기 어렵다."[1] 사탄이 쇠하고 그리스도께서 흥하시길 원하는 사람들은 진리를 전한다. 당신이 그런 사람이 되겠다고 결심하라.

그런 사람이 되려면 어떻게 해야 하는가? 진리 전파는

---

1. Thomas Goodwin, *Zerubbabel's Encouragement to Finish the Temple, in The Works of Thomas Goodwin* (1861 – 1866; repr., Grand Rapids: Reformation Heritage Books, 2006), 12:116.

기도의 골방에서부터 시작한다. 매일 아침 자신의 삶을 통해 진리가 전파되게 해달라고 하나님께 기도하라. "저는 잊고 오직 하나님만 기억하며 제 말과 행위로 주님의 진리를 전하게 도와주소서."라고 기도하라. 하나님을 위해 선한 말을 할 수 있는 기회를 허락해 달라고 기도하고, 그런 기회가 오기를 기대하며, 기회가 왔을 때는 즉각 실천하라. 아무 말도 전하지 못한 채 기회를 헛되이 낭비하지 않도록 주의하라. 그런 기회를 많이 활용할수록 복음을 전하기가 더 쉬워진다.

간단히 두 가지 사례를 언급하면 다음과 같다. 목사인 나는 병원에 입원한 사람들을 심방해 달라는 요청을 종종 받는다. 나는 엘리베이터에 탑승하면 대개 함께 탄 사람들과 대화를 나누곤 한다. 나는 한두 마디 친절한 말이나 날씨를 언급하며 엘리베이터 안의 침묵을 깨뜨린다. 그러면 대부분 다른 사람들도 따뜻하게 반응한다. 그러면 나는 "병원에 친척이나 친구가 입원해 있나요?"라고 묻는다. 그들은 누구를 보러 왔는지, 상황은 어떠한지에 대해 이야기한다. 엘리베이터에서 내리는 층이 같은 경우에는 대화가 계속 이어질 때가 많다. 조금 전만 해도 전혀 알지 못했던 사람들과 함께 기도할 수 있는 기회가 종종 주어진다. 그런 사람들에게 개혁파 유인물을 보내줌으로써 그 목회적 기회를 계속해서 살려 나갈 때도 종종 있다.

나는 또한 비행기 안에서도 사람들에게 먼저 말을 걸곤 한다. 나는 혼자서 비행기를 타고 갈 때는 항상 그렇게 하겠다고 결심했다. 처음에는 힘들었지만, 시간이 지나자 비행기 안에서 다른 사람들에게 복음을 전하는 일이 즐거워졌다. 사람들은 비행기 안에서 우연히 만났다는 익명성 때문에 거의 항상 자신들의 삶에 대해 기꺼이 털어놓는다. 그들은 대부분 내가 의도적으로 가지고 다니는 개혁파 유인물을 거부하지 않는다. 비행기가 착륙하기 전에 나는 그들에게 유인물을 더 보내주겠다고 제안한다. 그러면 약 절반 정도는 나의 제안을 받아들여 주소를 알려준다.

그런 노력들이 아무 열매 없이 끝날 때가 많을 것이 틀림없다. 그러나 누가 알 수 있으랴? 전도서 11장 1절은 "너는 네 떡을 물 위에 던져라 여러 날 후에 도로 찾으리라"라고 말한다. 한번은 비행기를 타고 뉴욕주 위를 날아가고 있을 때 그리스도를 믿지 않는 비행기 승무원에게 유인물을 건넨 적이 있었다. 비행기가 막 착륙하려고 할 때, 그녀가 자기는 매일 자동차로 130킬로미터나 되는 거리를 운전하여 통근한다며 내게 설교를 몇 편 보내줄 수 없느냐고 물었다. 나는 그녀에게 녹음된 설교 20편을 보내주었다. 몇 주 후, 그녀는 내게 편지를 보내 설교에 많은 감명을 받았다고 말했다. 그리고 말할 것도 없이 나는 그녀에게 더 많은 설교를 보내주었다.

인생은 너무나도 짧다. 진리로 죄를 깨닫고, 그리스도 안에서 자유를 누리며, 진리를 전파하는 사람으로 거듭나기 바란다. 윌리엄 브리지는 "진리를 지키라. 그러면 진리가 그대를 지켜줄 것이다."라고 말했다.[2] 하나님이 허락하신 은사에 가장 적합한 방식으로 가능한 한 많은 곳에 진리를 전하라. 사적인 대화, 전도지, 설교 테이프, 정기 간행물, 책, 라디오, 이메일을 활용해 진리를 전하라. 가정에서, 교회에서, 주일학교에서, 이웃들 사이에서 진리를 전하라. 동

---

2. Bridge, Epistle Dedicatory to *Works*, 1:xxiv.

아리에서, 감옥에서, 요양원에서, 거리에서 진리를 전하라.

남아프리카 케이프타운에 사는 한 친구는 존 블랜차드의 "궁극적인 질문들"을 사람들에게 전하는 믿음의 사역에 온전히 헌신하고 있다. 그는 그 소책자를 수만 권이나 사람들에게 건넸고, 하나님은 그런 노력에 많은 축복을 내려주셨다. 그는 매해 여러 켤레의 신발을 사는 데 가장 많은 비용을 들인다. 왜냐하면 하루에 열 시간에서 열두 시간씩 거리를 걸어 다니느라고 신발이 빨리 닳기 때문이다. 내게는 80대에 접어든 삼촌 한 사람이 있었다. 그는 인혜리턴스 출판사에서 발행한 설교 소책자 몇 권을 항상 호주머니에 넣고 다녔다. 그는 어디를 가든 설교 책자를 전달할 생각으로 사람들에게 말을 건네며 진리를 전하려고 노력했다. 한번은 교회에 모여 있는데 사이렌 소리가 여러 차례 들렸다. 삼촌이 잠시 사라졌다가 크게 흥분된 표정으로 다시 나타났다. 그는 우리에게 오토바이 운전자가 자동차와 충돌했지만 다행히 풀밭에 떨어진 덕분에 다치지 않았고, 그의 주위에 많은 군중이 모였다고 말했다. 그러고 나서 그는 자신의 양복을 젖혀 빈 호주머니를 보여주면서

"그러나 무엇보다도 좋았던 것은 내가 가진 설교 책자를 한자리에서 전부 나누어 줄 수가 있었다는 것이에요."라고 덧붙였다.

우리는 어떤 진리를 퍼뜨리는가? 우리가 구원받지 못했다면 우리는 거짓말쟁이인 사탄에게 속했을 것이기 때문에 진리를 왜곡하고 우리의 삶을 통해 거짓을 전할 수밖에 없다. 믿음으로 살지 못하고 하나님을 영화롭게 하지도 못한 채 율법의 정신에 따라 행동하면 창조주 하나님을 옳게 전할 수 없다. 그러나 만일 우리가 구원받았다면 진리이신 그리스도께 속했을 것이기 때문에 우리의 삶을 통해 갈수록 더 많은 진리가 전파되어야 한다. 그리스도를 전하는 것을 부끄러워하지 말라. 세상은 자신의 그릇된 목적을 추구하는 것을 부끄러워하지 않는다. 그리스도인들이 삶을 변화시키는 진리를 전하는 것을 부끄럽게 생각해야 할 이유가 무엇인가? 토머스 브룩스는 "진리의 작은 한 부분이라도 모두 금 조각처럼 귀하다. 우리는 진리와 생사를 함

께 해야 한다."라고 말했다.[3]

사탄의 약점을 드러내고 싶으면 산 위의 등불과 세상의 소금이 되겠다고 결심하라. 본을 끼치는 삶을 살라. 국가에 가장 필요한 것은 하향식으로 이루어지는 경건하고 도덕적인 법 집행이 아니라 밑바닥에서부터 한 번에 하나씩 이루어지는 보통 사람들의 회심이라는 사실을 기억하고 사랑과 진리가 넘치게 하라. 국가적 차원의 정책이 아닌 일대일의 복음 전도만이 부패한 나라를 구원할 수 있다.

"진리를 사라"(잠 23:23). 기도에 힘쓰고, 인내심 있는 헌신적인 진리의 전파자가 되라. 진리를 알고(요 8:32), 진리를 행하고(요 3:21), 진리 안에 거하라(요 8:44). 진리를 말하고 실천하라. "죽을 때까지 진리를 찾고, 진리를 듣고, 진리를 배우고, 진리를 사랑하고, 진리를 말하고, 진리를 굳게 붙잡으라."고 말한 요한 후스의 조언을 따르라.[4] 그러면 한 국가의 시민으로 살아가는 그리스도인으로서 짠맛을 잃

---

3. Brooks, "A Word to the Reader," in *Precious Remedies*, 21.

4. Blanchard, *Complete Gathered Gold*, 659.

지 않을 것이다.

가난하고 어려운 사람들에게
그리스도의 사랑의 손길을 뻗치겠다고 결심하라

그리스도인들이 사회적인 문제에 눈과 귀를 닫고 있으면
사탄의 세력이 더욱 강해진다. 야고보는 어려운 사람들을
돌보지 않으면 하나님의 심판을 받게 될 것이라고 엄중히
경고했다. "만일 형제나 자매가 헐벗고 일용할 양식이 없
는데 너희 중에 누구든지 그에게 이르되 평안히 가라, 덥
게 하라, 배부르게 하라 하며 그 몸에 쓸 것을 주지 아니하
면 무슨 유익이 있으리요 이와 같이 행함이 없는 믿음은
그 자체가 죽은 것이라"(약 2:15-17).

　우리는 어려운 이웃들을 말과 행위로 도와야 한다. 존
스토트는 이렇게 말했다.

　　그리스도인들이 참여해야 하는 이유는 무엇일까? 그리스
　　도인들이 세상에 대해 취할 수 있는 가능한 태도는 궁극적

으로 두 가지뿐이다. 하나는 도피이고, 다른 하나는 참여이다…"도피"는 세상에 대해 우리의 손을 씻고 등을 돌려 거부하고…우리의 마음을 무감각하게 만들어 도움을 구하는 고통스러운 부르짖음을 외면하는 것을 의미한다. 그와는 반대로 "참여"는 불쌍히 여기는 마음으로 세상을 향해 얼굴을 돌리고, 우리의 손을 수고롭게 더럽혀 세상을 섬기며, 억제할 수 없는 하나님의 사랑이 우리의 깊은 곳에서 솟구쳐 오르는 것을 느끼며 살아가는 것을 의미한다.[5]

스토트는 "우리가 진정으로 이웃을 사랑하고…그들을 섬기기를 원한다면 그들의 온전한 행복, 곧 그들의 영혼과 몸과 공동체의 안녕에 관심을 기울여야 한다. 아울러 우리의 관심은 항상 실천적인 행위로 이어져야 한다."라고 결론지었다.[6]

---

5. John R. W. Stott, *Decisive Issues Facing Christians Today* (Grand Rapids: Fleming H. Revell, 1990), 14.

6. Stott, *Decisive Issues Facing Christians Today*, 19.

결혼을 위한 네덜란드 개혁파 예식서를 보면, 남편은 가족을 정직하게 부양하고 "가난한 자들에게 줄 것이 있도록" 성실하게 일해야 한다는 내용이 나온다.[7] 가난한 자들을 돕기 위해 우리의 시간과 재물을 얼마나 나누어 주고 있는가? 말과 행위로 그들을 돕고 있는가?

성경적이고 도덕적인 문제에 대해
입 닫고 있지 않겠다고 결심하라

노력해봤자 큰 효과를 거두기 어렵다는 이유로 정치에 참여하는 것을 피하는 그리스도인들이 많다. 그러나 어쩌면 하나님의 백성들이 더 이상 정치에 참여하기를 싫어하는 것이 정치가 퇴락하는 이유 가운데 하나인지도 모른다.

우리는 다음 두 가지를 진지하게 고려해야 할 필요가 있다. 첫째, 하나님은 정의를 시행하고, 사회 질서와 의를

---

7. "Form for the Confirmation of Marriage before the Church," in *Psalter*, 157.

확립하고, 공공의 선을 독려하기 위해 국가를 세우셨다. 그분이 그렇게 하신 이유는 복음과 경건과 정직한 삶이 왕성하게 번창할 수 있는 평화로운 환경을 제공하시기 위해서다(시 106:3; 사 1:17; 롬 13:1-7; 딤전 2:1-2).

둘째, 우리는 국가를 지원해야 할 책임이 있다. 우리는 국가에 빚진 것을 갚아야 하고(막 12:13-17), 통치자들을 위해 기도해야 한다(딤전 2:1-4). 우리는 국가를 존중하고, 국가의 명령에 복종해야 한다. 그러나 국가에 대한 복종이 맹목적이어서는 안 된다. 사도들은 신자들에게 국가의 명령이 하나님의 율법에 어긋나지 않을 때만 거기에 복종하라고 가르쳤다(행 5:29). 바울은 로마의 시민권을 이용해 불의에 항거했다(행 16:35-39, 22:24-29). 그 외에 다른 성경 인물들도 그들을 다스리는 세속 정권에 영향을 미쳤다. 요셉과 다니엘이 그 대표적인 경우다(창 41장; 단 6장).

우리는 지방 선거나 전국 선거가 있을 때 누구에게 투표해야 할지 신중하게 판단해야 한다. 미국 대법원 초대 장관을 역임한 존 제이는 1816년에 "하나님의 섭리를 통해 우리 민족에게 통치자들을 선택할 수 있는 권한이 주어졌다. 그리스도인을 통치자로 선택하고 선호하는 것은 우리 기독교 국가의…의무다."라고 말했다.[8] 그리스도인들은 세상의 빛과 소금이 되어야 한다. 세상에는 정부도 아울러 포함된다. 패커는 "천국에 대한 관심이 깊어질수록 하나님의 뜻이 세상에서 이루어지기를 바라는 마음도 더욱 깊어지기 마련이다."라고 말했다.[9]

그렇다면 그리스도인들은 어느 정도까지 국가를 지지하고, 정치적인 문제에 관심을 기울여야 할까? 우리가 지침으로 삼아야 할 네 가지 원리는 다음과 같다.

1. **지침을 위해 성경을 공부하라.** 성경이 낙태, 안락사, 동성애, 안식일을 더럽히는 행위와 같은 도덕적인 문제들에 대해 어떻게 가르치고 있는지 이해하라. 그런 문제들과 관련된 용어들과 지식을 알려줄 적절한 자료들을 찾아 읽

---

8. John Jay, *Correspondence and Public Papers of John Jay* (New York: G. P. Putnam, 1893), 4:393.

9. J. I. Packer, *Knowing Christianity* (Wheaton, Ill.: Harold Shaw, 1995), 179.

고, 가족들과 친구들과 직장 동료들과 이웃들과 함께 대화를 나누라.

2. **정부 당국자들을 위해 기도하라.** 아직 구원받지 못한 사람들은 회심하고, 이미 그리스도인이 된 사람들은 더욱 강한 믿음을 갖게 해달라고 기도하라(딤전 2:1-2). 나라 안에 영적 부흥이 있기를 위해 간구하라. 하나님께 "주의 백성을 구원하시며 주의 산업에 복을 주시고…만군의 하나님 여호와여 우리를 돌이켜 주시고 주의 얼굴의 광채를 우리에게 비추소서 우리가 구원을 얻으리이다"(시 28:9, 80:19)라고 기도하라. 우리 사회에서 하나님의 역사가 잘 일어나지 않는 이유는 우리의 기도가 부족하고, 하나님께 대한 기대가 적고, 우리 자신이 민족의 죄에 개인적으로 연루되어 있다는 점을 등한시하기 때문이 아니겠는가? 영국의 에드워드 왕이 죽자 존 브래드포드는 "그는 내 죄 때문에 죽었다."고 고백했다. 브래드포드는 그리스도인 시민으로서 자신을 국가의 일원으로 생각했기 때문에 하나님을 경외한 왕을 위해 기도하지 못했던 죄를 고백한 것이다. 국가를 위해 기도하는 것은 성경적인 의무다. 예를 들어, 다니엘

은 다니엘서 9장에 기록된 유명한 기도에서 민족의 죄를 여러 차례 고백했다.

3. **정부가 어떻게 기능하고 있는지 파악하라.** 이 타락한 세상의 정치 기구들은 불완전하다. 그러나 하나님이 그것들을 세우셨다는 것을 기억해야 한다. 정부는 도덕률을 법제화한다. 문제는 누구의 도덕률을 법제화하느냐 하는 것이다. 그리스도인들이 정부에서 일어나는 일을 등한시하고 현실을 외면하면, 나라가 훨씬 더 빠르게 타락할 것이다.

물론, 교회는 정치 기구가 되어서는 안 된다. 교회는 사람들을 그리스도께 인도해 그분의 형상을 닮도록 돕는 일을 해야 한다. 그리스도의 사랑과 긍휼을 경험한 신자들은 공적인 정의를 위해 헌신할 준비가 잘 갖춰진 상태로 정치 현장에 뛰어들어 일할 수 있다.

4. **참여하라.** 정부 지도자들과 언론사 편집장들과 정치 과정에 영향을 미치는 기관들의 책임자들에게 편지를 쓰라. 단체에 가담해 기독교의 도덕률을 지지하는 운동을 지원하라. 하나님이 부르시면 공직에 출마하고, 그렇지 않으면 성경적 가치관을 가지고 공직에 출마한 다른 그리스도

인들을 도우라.

마지막으로, 사회의 도덕적인 문제에 관해 목소리를 내고 싶으면 루터가 한 말을 기억해야 한다. 그는 우리가 세상이 공격하는 바로 그 문제들을 제외하고 하나님의 진리를 선포한다면, 우리는 그리스도를 충실하게 고백하는 것이 아니라고 말했다. 그의 말을 잠시 인용하면 다음과 같다.

> 만일 누군가가 "나의 독재자가 허용하지 않을 한두 가지 사항에 대해서는 일체 침묵하고, 그 외의 다른 것에 관해서는 그리스도와 그분의 말씀을 기쁘게 전할 것이다."라고 말한다면, 그것은 아무런 유익도 줄 수 없다…왜냐하면 모든 사항을 다 부인함으로써 그리스도를 부인하거나 한 가지 사항을 부인함으로써 그분을 부인하거나 그리스도를 부인하기는 매한가지이기 때문이다. 그리스도의 말씀 전체를 다 말하든 하나씩 따로 말하든 그분의 모든 말씀

안에는 오직 한 그리스도께서 계신다.[10]

그리스도를 위해 살라

바울은 에베소 교회의 신자들에게 "마귀에게 틈을 주지
말라"(엡 4:27)고 말했다. 마귀에게 허점을 보여서는 안 된
다. 사탄이 틈탈 틈을 내주어서는 안 된다. 당신의 삶 속에
빈 공간이 생기지 않도록 조심하라. 그럴 경우는 마귀가
그 공간을 채워버릴 것이 틀림없다. 아무런 권리도 없이
세상에 불법으로 거주하는 사탄을 섬기지 말라. 신자인 우
리는 불신자들처럼 살거나 죄를 지어서는 안 된다. 하나님
의 은혜를 의지함으로써 모든 정욕과 불평과 분노를 억제
하고, 그리스도를 위해 살라.

바울은 고린도후서 2장 16절에서 "누가 이 일을 감당하
리요"라고 말했다. 나는 오랫동안 이 수사학적인 질문을

---

10. Luther, WA Br 3:81, cited with translation by Christopher Brown
in Bob Caldwell, "'If I Profess': A Spurious, If Consistent, Luther
Quote?" *Concordia Journal* 35, no. 4 (Fall 2009): 356-59.

생각하며 '나는 분명히 못 해. 다른 사람들도 물론 못 해.'라고 대답했다. 그러나 바울은 정확히 여섯 구절 아래에서 그 물음에 "우리가 무슨 일이든지 우리에게서 난 것 같이 스스로 만족할 것이 아니니 우리의 만족은 오직 하나님으로부터 나느니라"(고후 3:5)라고 대답했다. 우리는 그리스도의 능력을 의지함으로써 개인적으로, 교회 안에서, 국가 안에서 사탄을 물리치고 하나님의 영광을 위해 살아갈 수 있다. 전능하고 은혜로운 손길로 세계와 나라들과 교회와 우리는 물론, 가장 작은 일까지도 모두 주관하시는 주님을 위해 살라.

이제 존 칼빈의 기도로 모든 논의를 마무리하고 싶다.

전능하신 하나님, 주님은 은혜로우시게도 매일 우리 앞에 주님의 확실하고 분명한 뜻을 보여주기를 기뻐하시오니, 우리의 눈과 귀를 열어 우리에게 올바른 것을 깨우쳐주시고 건전한 마음을 갖게 만드는 그 뜻을 알게 하시며 거기에 모든 생각을 집중하게 하사 사탄과 귀신들이 우리에게 어떤 책략을 쓰든 간에 결코 포기하지 않고 참된 믿음

의 길을 계속 걷게 하옵소서. 우리의 싸움을 마치고 마침
내 우리 주 예수 그리스도께서 우리를 위해 천국에 예비하
신 복된 안식에 들어갈 때까지 굳게 서서 인내할 수 있도
록 도와주소서. 아멘.[11]

질문

1. 잃어버린 죄인들에게 복음을 전하기 위해 어떻게 노
   력하고 있는가? 복음을 전하기 위해 자신의 특별한
   은사나 직업이나 관계를 어떻게 활용하고 있는가?
2. 사랑과 거룩의 삶이 그리스도의 왕국을 확장하고 사
   탄의 세력을 파괴하는 데 큰 영향을 미치는 이유가
   무엇인가?
3. 가난하고 고통받고 압제당하는 자들을 보살피기 위
   해 무슨 일을 하고 있고, 무엇을 베풀고 있는가? 어려
   운 처지에 있는 사람들과 접촉하도록 하나님이 당신

---

11. John Calvin, *Commentaries on the Book of the Prophet Jeremiah and
the Lamentations*, trans. John Owen (Grand Rapids: Baker, 2003),
3:197-98 (Jer. 23:28).

을 이끄신 적이 있었는가? 어떤 기회를 활용하면 그들에게 좋은 이웃이 될 수 있겠는가?

4. 하나님은 국가와 관련해 우리에게 무엇을 요구하시는가? 당신은 불평만 일삼는가, 아니면 참여하는가? 당신은 공의와 긍휼을 위해 어떤 목소리를 내고 있는가?

5. 이번 장 마지막에 인용한 칼빈의 기도에서 그는 구체적으로 어떤 간구를 드렸는가? 그의 기도를 자신의 말로 바꾸어 표현한다면 어떻게 표현할 수 있겠는가? 그의 기도를 당신의 기도로 삼으라.

참고 문헌

Alexander, William Menzies. *Demonic Possession in the New Testament: Its Historical, Medical, and Theological Aspects*. Grand Rapids: Baker, 1980.

Ambrose, Isaac. *War with Devils; Ministration of, and Communion with Angels*. Glasgow: Joseph Galbraith and Co., 1769.

Barnhouse, Donald Grey. *The Invisible War*. Grand Rapids: Zondervan, 1965.

Baskin, Wade. *Dictionary of Satanism*. New York: Philosophical Library, n.d.

Beeke, Joel R., and Mark Jones. "The Puritans on Demons." In *A Puritan Theology: Doctrine for Life*, 189–99. Grand Rapids: Reformation Heritage Books, 2012.

Beilby, James K. and Paul R. Eddy, eds. *Understanding Spiritual Warfare: Four Views*. Grand Rapids: Baker Academic, 2012.

Blades, Keith R. *Satan and His Plan of Evil: A Survey of the Biblical Doctrine*. Calgary: North Calgary Open Bible Fellowship, 1994.

Borgman, Brian S. and Rob Ventura. *Spiritual Warfare: A Biblical and Balanced Perspective*. Grand Rapids: Reformation Heritage Books, 2014.

Bounds, E. M. *Satan: His Personality, Power and Overthrow*. Grand Rapids: Baker, 1972.

Brooks, Thomas. *Precious Remedies against Satan's Devices*. Edinburgh: Banner of Truth Trust, 1968. 《사단의 책략 물리치기》, 엘맨 역간.

Brown, John. *The Christian's Great Enemy: A Practical Exposition of 1 Peter 5:8–11*. Edinburgh: Banner of Truth, 2013.

Bufford, Rodger K. *Counseling and the Demonic*. Dallas: Word, 1988.

Bunyan, John. *The Holy War Made by Shaddai upon Diabolus, For the Regaining of the Metropolis of the World: Or, the Losing and Taking Again of the Town of Mansoul*. In vol. 3 of *The Works of John Bunyan*, edited by George Offor, 245 – 373. 1854. Reprint, Edinburgh: Banner of Truth, 1991. 《거룩한 전쟁》, 크리스천다이제스트 역간.

Colman, Benjamin. *The Case of Satan's Fiery Dart*. Boston: Rogers and Fowle, for J. Edwards, 1744.

DeVries, Brian. "Spiritual Wickedness in High Places: Biblical Demonology and the Church's Mission." Unpublished paper, 2003.

Dickason, C. Fred. *Angels: Elect and Evil*. Chicago: Moody, 1975.

———. *Demon Possession & the Christian*. Chicago: Moody, 1987.

Downame, John. *The Christian Warfare against the Devil, World, and Flesh*. 1604. Facsimile reprint, Vestavia Hills, Ala.: Solid Ground Christian Books, 2009.

Evans, Tony. *The Battle Is the Lord's: Waging Victorious Spiritual Warfare*. Chicago: Moody, 1998.

Fape, M. Olusina. *Powers in Encounter with Power: Spiritual Warfare in Pagan Cultures*. Ross-shire, Scotland: Christian Focus Publications, 2003.

Frederickson, Bruce G. *How to Respond [to] Satanism*. St. Louis: CPH, 1995.

Gale, Stanley D. *Warfare Witness: Contending with Spiritual Opposition in Everyday Evangelism*. Ross-shire, Scotland: Christian Focus Publications, 2005.

Gilpin, Richard. *A Treatise on Satan's Temptations*. Morgan, Pa.: Soli Deo Gloria, 2000.

Goodwin, Thomas. *The Child of Light Walking in Darkness*. In vol. 3 of *The Works of Thomas Goodwin*, 231-352. Grand Rapids: Reformation Heritage Books, 2006. 《어둠 속을 걷는 빛의 자녀들》, 지평서원 역간.

Gouge, William. *The Whole Armour of God. Or, A Christian's Spirituall Furniture, To Keep Him Safe from All the Assaults of Satan*. London: John Beale, 1619.

Green, Michael. *I Believe in Satan's Downfall*. Grand Rapids:

Eerdmans, 1981.

Gross, Edward N. *Miracles, Demons, and Spiritual Warfare: An Urgent Call for Discernment*. Grand Rapids: Baker, 1991.

Gurnall, William. *The Christian in Complete Armour*. Two Volumes in One. 1864. Reprint, Edinburgh: Banner of Truth, 1964.《그리스도인의 전신 갑주》, 크리스천다이제스트 역간.

Hodge, Bodie. *The Fall of Satan: Rebels in the Garden*. Green Forest, Ark.: Master Books, 2011.

Jones, Peter. *The Gnostic Empire Strikes Back*. Phillipsburg, N.J.: P&R, 1992.

──────. *Spirit Wars: Pagan Revival in Christian America*. Mukilteo, Wash.: Wine Press Publishing, 1997.

Keach, Benjamin. *War with the Devil*. Coventry: T. Luckman, 1760.

Koch, Kurt E. *Satan's Devices*. Grand Rapids: Kregel, 1978.

Larson, Bob. *Satanism: The Seduction of America's Youth*. Nashville: Nelson, 1989.

Leahy, Frederick. *Satan Cast Out: A Study in Biblical Demonology*. Edinburgh: Banner of Truth Trust, 1975.《사단의 세력을 이렇게 추방하라!!》, 나침반사 역간.

──────. *The Victory of the Lamb: Christ's Triumph over Sin, Death and Satan*. Edinburgh: Banner of Truth Trust, 2001.

Lewis, C. S. *The Screwtape Letters*. New York: The Macmillan Company, 1944.

Lloyd-Jones, D. M. *The Christian Soldier: An Exposition of*

Ephesians 6:10 to 20. Grand Rapids: Baker, 1977.

———. *The Christian Warfare: An Exposition of Ephesians 6:10 to 13.* Grand Rapids: Baker, 1977.

Lowe, Chuck. *Territorial Spirits and World Evangelisation?* Rossshire, Scotland: Christian Focus Publications, 2001.

Lutzer, Erwin W. *The Serpent of Paradise: The Incredible Story of How Satan's Rebellion Serves God's Purposes.* Chicago: Moody, 1996.

MacArthur, John, Jr. *God, Satan, and Angels.* Panorama City, Calif.: Word of Grace Communications, 1983.

———. *How to Meet the Enemy.* Wheaton, Ill.: Victor, 1992.

Matson, William A. *The Adversary, His Person, Power, and Purpose: A Study in Satanology.* New York: Wilbur B. Ketcham, 1891.

Mayhue, Richard. *Unmasking Satan: Understanding Satan's Battle Plan and Biblical Strategies for Fighting Back.* Grand Rapids: Kregel, 1998.

Miller, Andrew. *Meditations on the Christian's Standing, State, Vocation, Warfare and Hope.* London: G. Morrish, n.d.

Parsons, Wm. L. *Satan's Devices and the Believer's Victory.* Boston: Parsons, 1864.

Penn-Lewis, Jessie, and Evan Roberts. *War on the Saints.* Fort Washington, Pa.: The Christian Literature Crusade, n.d.

Pink, A. W. *Satan and His Gospel.* Swengel, Pa.: Reiner Publications, n.d.

Powlison, David. *Power Encounters: Reclaiming Spiritual Warfare*. Grand Rapids: Baker, 1995.

Prime, Derek. *Spiritual Warfare*. Springdale, Pa.: Whitaker House, 1987.

Rankin, Jerry. *Spiritual Warfare: The Battle for God's Glory*. Nashville: B&H Books, 2009.

Russell, Jeffrey Burton. *Satan: The Early Christian Tradition*. Ithaca, N.Y.: Cornell University Press, 1981.

Rutherford, Samuel. *The Trial and Triumph of Faith*. Reprint, Edinburgh: Banner of Truth Trust, 2001.

Simeon, Charles. *The Christian, His Conflict and His Armour*. Rossshire, Scotland: Christian Focus Publications, 2001.

Spurgeon, Charles. *Satan a Defeated Foe*. Springdale, Pa.: Whitaker House, 1993.

———. *Spurgeon on Prayer and Spiritual Warfare*. New Kensington, Pa.: Whitaker House, 1998.

Spurstowe, William. *The Wiles of Satan*. Morgan, Pa.: Soli Deo Gloria, 2004.

Townsend, L. T. *Satan and Demons*. New York: Eaton & Mains, 1902.

Unger, Merrill. *Biblical Demonology*. Wheaton, Ill.: Scripture Press, 1972.

———. *What Demons Can Do to Saints*. Chicago: Moody, 1977.

Wiersbe, Warren W. *The Strategy of Satan: How to Detect and*

Defeat Him. Wheaton, Ill.: Tyndale, 1979.

Willard, Samuel. *The Christian's Exercise by Satan's Temptations.* Boston: B. Green and J. Allen for Benjamin Eliot, 1701.

Zacharias, Bryan. *The Embattled Christian: William Gurnall and the Puritan View of Spiritual Warfare.* Edinburgh: Banner of Truth Trust, 1995.